# 让客户心动

## ——深度解读正泰经营之道

正泰文库编委会　编著

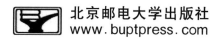
北京邮电大学出版社
www.buptpress.com

### 图书在版编目(CIP)数据

让客户心动：深度解读正泰经营之道 / 正泰文库编委会编著. - - 北京：北京邮电大学出版社，2019.5

ISBN 978-7-5635-5729-5

Ⅰ. ①让… Ⅱ. ①正… Ⅲ. ①民营企业—企业经营管理—研究—中国 Ⅳ. ①F279.245

中国版本图书馆 CIP 数据核字(2019)第 093550 号

| | |
|---|---|
| 书　　名 | 让客户心动——深度解读正泰经营之道 |
| 作　　者 | 正泰文库编委会 |
| 责任编辑 | 姚　顺 |
| 出版发行 | 北京邮电大学出版社 |
| 社　　址 | 北京市海淀区西土城路 10 号(邮编：100876) |
| 发 行 部 | 电话：010-62282185　传真：010-62283578 |
| E-mail | publish@bupt.edu.cn |
| 经　　销 | 各地新华书店 |
| 印　　刷 | 北京玺诚印务有限公司 |
| 开　　本 | 720 mm×1 000 mm　1/16 |
| 印　　张 | 15.25 |
| 字　　数 | 247 千字 |
| 版　　次 | 2019 年 5 月第 1 版　2019 年 5 月第 1 次印刷 |

ISBN 978-7-5635-5729-5　　　　　　　　　　　　　定　价：45.00 元

·如有印装质量问题，请与北京邮电大学出版社发行部联系·

# 正泰文库编委会

**总 顾 问**：南存辉
**主　　任**：朱信敏
**副 主 任**：林黎明　吴炳池　徐志武　王永才　陈国良　陈建克
　　　　　　陈成剑
**委　　员**：陆　川　王　起　朱要武　金忠利　陈　玉　栾广富
　　　　　　南　尔　南君侠　黄永忠　吴　晓　廖　毅　张　帆
　　　　　　孙　冕　杨乐天　韩宝胜　马　野　王正红　高　度
　　　　　　杨　毅　黄冰融　张小媚　肖秋梅　李娟娟　邵玲丽
　　　　　　熊丽燕　顾　皓　韩　海　陈　莉　鲍琪蕊　胡雅琳
**本书顾问**：陈建克
**主　　编**：廖　毅
**编　　写**：韩海等

| 序 1

# 客户需要的是价值

是谁为企业带来利润？是谁引领企业不断地超越自己？那就是企业的"上帝"——客户。随着经济全球化发展，市场竞争越来越激烈，谁能够争取客户、维系客户，进而发展客户，谁就能够获得持久的竞争优势，在激烈的市场竞争中立于不败之地。那么在竞争如此激烈的市场中，客户为什么选择你？你的核心竞争力是什么？这是一个值得深思的问题。是你的产品价格比其他竞争者低，还是你的产品质量比其他竞争者更好，或者是你的服务更好？以海底捞的崛起为例，在竞争激烈的火锅行业，海底捞的价格并不占优势，也几乎没有人会说海底捞的火锅比其他火锅都好吃，但海底捞却能脱颖而出，表面看来是其为顾客提供了服务体验，这种服务体验从顾客一进门就开始，直至结账离开才结束，在服务的连贯性上做到了极致。但实际上是因为海底捞让客户快乐地享受了美食，即除了为客户提供好的火锅以外，还为客户提供了快乐，给客户创造了更多价值。顾客选择你的原因是多种多样的，但归根到底其本质是你的产品和服务能为客户带来更多的价值。

企业要想在激烈的市场竞争中脱颖而出，获得客户的青睐，首先要知道客户究竟想要什么，以客户需求为导向来组织企业的经营活动，进而为客户创造更多的价值，只有这样，企业才能在激烈的角逐中获胜。比如客户逛商场，不仅仅是为了购物，还有休闲和社交的需求，自然那些能够更好地满足上述需求的商场才能够获得更多客户，也自然不会过多地受到互联网的冲击（因为互联网仅能影响客户的购物诉求）。再比如，顾客购买灯泡，他们真正的需求是光，是在不同使用场景下的不同的光，而不是灯泡本身；客户购买化妆品，他们真正需要的是更美丽和更自信，而不是化妆品本身。换言之，客户所购买的并不是产品或服务本身，而是这些产品或服务能为他们带来的价值，产品和服务只是价值的载体。最终客户会选择能为其提供最大价值的产品或服务。正如现代管理学之父彼得·德鲁克指出的，客户购买和消费的并不只是产品，而是价值。

只有那些能为客户带来更大价值的企业，才会受到客户的青睐，才能够生存和发展，才能够在竞争中脱颖而出。因此，任何企业的核心竞争力实质上都是为客户创造价值的能力。现实中，不同的企业其核心竞争力的表现形式可能是不一样的，有的企业是技术创新，有的企业是服务，有的企业是产品质量，有的企业是运营效率等，但我们应该透过事物的表象看本质，虽然不同的成功企业在核心竞争力的表现形式上有所不同，但其本质都是相同的，即通过不同的手段和方式最终更好地实现客户价值的创造。

2018年的夏天，我和我的同事们一起走进了知名民营企业正泰集团进行交流学习，让我有机会近距离地了解了这家企业，了解了这家企业的经营理念，了解了这家企业的企业文化，更有幸提前阅读到了《让客户心动——深度解读正泰经营之道》这本书，让我更加系统地看到了扎根于正泰集团基因深处的价值观，以及这种价值观对整个正泰集团从创业，到发展，再到壮大所起到的重要作用，可以说，以客户为中心、为客户持续创造价值正是正泰集团核心的价值观。然而更令我佩服的是，这种为客户持续创造价值的价值观不仅体现在外部客户价值的创造，同样也包含正泰集团内部客户价值的创造，即正泰集团不仅通过外部产品和服务，努力为客户创造出高的价值，更重要的是，还努力通过高质量的内部管理为员工创造高的"内部客户价值"。正如正泰集团董事长南存辉先生所说的，正泰有"两个上帝"：一个是外部的客户，一个是内部的员工。正泰深知若要更好地为外部客户创造价值，首先必须明确内部客户即公司所有内部员工和合作伙伴也可创造价值的重要性。

本书实际上也是在阐述企业、员工、客户、合作伙伴及利润之间的逻辑关系。企业盈利能力的增强主要来自客户的信赖与满意，客户的信赖与满意则是由客户认为所获得的价值大小决定的；客户所认同的价值大小最终要靠工作富有效率且对企业信赖的合作伙伴和员工共同创造，而合作伙伴和员工对公司的信赖又取决于其对公司是否满意；合作伙伴和员工的满意与否主要视公司内部是否给予了高质量的内部客户价值的创造。为此，正泰集团努力设计有效的报酬激励制度，并为员工创造良好的工作环境，尽可能地满足内部顾客的内外在需求，并且积极地打造命运共同体，强调合作共赢，像对待自己一样对待合作伙伴，寻求共同发展。

"以客户为中心，为客户创造价值"这句话想必每个企业的经营者都知道，甚至也在企业的经营活动中不断强调。然而在当今中国，初创企业往往考虑的是如何吸引资本，中小企业考虑的是如何快速扩张，大型企业往往考虑的是如何依靠资本运作实现跨越发展，不能绝对地说企业这样做不对，但似乎弥漫着一股"浮躁"的气息，因为健康的企业不仅需要"大"，更需要"强"，这种"强"就体现在是否能够长期持续地"以客户为中心，为客户创造价值"。中国企业要想持续发展、长治久安，缺少的不是具备"商人精神"的经营者，而是拥有持续为客户创造价值并具有"工匠精神"的企业家。"持续为客户创造价值"的核心，实际上就是企业自上而下、由里及外地持续提升核心竞争力的一种管理理念，体现在更强、更精细化的产品与服务中，中国的企业更需要的是对这种企业管理理念的理解和践行。相信本书在帮助你了解正泰集团如何让"上帝"心动的同时，也更能帮助你进一步地领悟"以客户为中心，为客户创造价值"这句话的内涵和外延。

马宝龙

教授　博士生导师<br>北京理工大学市场营销系主任

| 序 2

# 客户是企业存在的理由

现在大家经常说要"以客户为中心"。这话说了很多，也听了很多，可事实上，我们有很多人连客户这个词是什么意思都还没有真正弄明白。

客户这个词并不像我们一般人想象得那么简单，仔细推敲起来，可以说每一个人，每一个单位，甚至每一个国家都有自己的客户。我们是做企业的，对于企业来说，谁是我们的客户呢？我觉得从企业的角度来说，客户应该主要有这样几个层面意思。

客户第一个层面的意思是指企业所服务的外部对象。

企业是为谁服务的？你的产品和服务向谁提供？这是大家都能够理解的一般意义上的客户，即企业的"外部客户"。企业外部客户范围很广，具体来讲，可以分为潜在客户、意向客户、现实客户、新客户、老客户、短期客户、长期客户、战略合作伙伴类型的客户，等等。一家企业能不能发展，以及发展得怎么样，主要就是看能不能加强、深化和这些外部客户的关系。因为企业的外部客户是企业利润的来源，企业如果失去了外部客户，那就失去了存在的意义。这个道理很简单，但是却最为重要，事实上很多人常常认识不到或者忽略这个问题的重要性。正泰作为一家民营企业，从1984年开始创业，到现在35年了，从我个人的创业经历来讲已经有40多个年头了。回顾历史，如果说我有什么可以告诉别人的经营秘诀，那么最重要的一条就是——服务好你的客户。

正泰一路走来，一直把服务好自己的客户作为企业的根本经营之道。正泰能够走到今天也正是得益于此。

当年乐清求精开关厂（正泰前身）创建之初，温州地区有几千家电器企业，产品质量参差不齐，市场一片混乱。当时面对这种情况我深感忧虑。因为我有过给别人修鞋的经历，我知道作为一个修鞋匠，如果你的鞋修得不好，人家可是要骂的。做企业和修鞋的道理是一样的。所以，虽然在那时候产品供不应求，但是我却不能像别人那样不顾产品质量，一心只顾挣票子，赚昧良心的钱。

为了能够生产出优质的产品，我多次到上海去请退休的老工程师们。他们问我是"要票子还是要牌子"，我说都要，但是牌子最重要，如果只是为了票子我就不来请你们了。我的诚意最终打动了王忠江、蒋基兴、宋佩良三位老工程师。在产品供不应求的年代，很多同行对我的这个行为表示不理解。后来，我们花了好几万元，投资建立温州第一个热继电器试验室，在温州同行中轰动一时。很多同行对我们搞实验室不以为然，认为我们很傻，说你产品又不是卖不出去，为什么要花钱费力地去搞什么实验室？

一个企业如果连自己的产品都不愿意改进，只盯着票子而不想着为客户负责，又怎么能够服务好客户呢？在这种只要票子的风气下，温州电器产品一度成了假冒伪劣的代名词。不过，这种情况并没有持续很久。就在我们获得国家机电部颁发的生产许可证后不久，国家为了加强产品质量监管，出重拳打击温州的假冒伪劣产品，同时大力扶持优秀的生产企业。求精开关厂因为产品质量过硬，从而得以脱颖而出，快速崛起。

不忘初心，方得始终。任何一个企业，如果连"以客户为中心"这样的最基本的道理都忘了，不能服务好自己的客户，注定是走不远的。

客户第二个层面的意思是指企业的内部客户。

我一直告诉大家在正泰有"两个上帝"：一个是外部的客户，一个是内部的员工——我们把企业员工看作是企业的内部客户。

企业要重视内部客户。企业只有重视并维护好员工的切身利益，才能充分调动员工积极性、主动性、创造性，才能为企业的持续健康发展提供内在动力支撑。

正泰集团提出了"财聚人散，财散人聚"的价值取向，"价值分享文化"从此成为正泰企业文化的一大特征。

针对员工的不同情况，我们采取差异化的激励措施来满足员工发展需要，从多个方面让员工分享企业的发展成果，努力解决员工的后顾之忧。

对于财富，我始终保持着一颗平常心。为了让更多中高端人才加入正泰，我多次稀释自己的股权，同时通过管理入股、技术入股及经营入股等各种方式，吸收各种类型的股东加盟进来。

我告诉大家，无论对分公司、合资公司，还是员工，我们第一步是把大家变成利益共同体，要利益共享；第二步再逐渐变成命运共同体，正泰就是你，你就是正泰。要坚持以客户为中心，不断超越自我，帮助企业走得更快、更好、更远。作为一家民营企业，正泰集团从最初的8位员工发展到现在三万多名员工，年销售从不到1万元到突破700亿元。在不断实现转型升级的背后，正泰以人为本、价值分享的文化起着巨大的作用，没有这样的文化，就没有所谓的命运共同体。可以说，把员工也看作是"上帝"是正泰的核心竞争力之一。

正泰所形成的这种核心竞争力包括互为支撑的两个方面：一是正泰把内部员工当作"上帝"；二是内部员工把正泰当作"上帝"，把和自身业务相关的内部同事当作"上帝"，把和自身业务相关的兄弟部门及兄弟公司当作"上帝"。我们把"以客户为中心""服务好客户"的理念落实到每一个员工的身上，比如在流水线上，下一道工序是上一道工序的客户，诸如此类。

一个企业，如果认识不到、处理不好和内部客户的关系，必然很难处理好和外部客户的关系。让企业中的每位员工都能充分认识并服务好和自己业务相关的内部客户,是企业服务好外部客户的重要基础。

客户第三个层面的意思是指服务于国家和社会,承担企业的社会责任。

企业的社会责任包括法律责任和道德责任。法律责任像依法纳税、保护员工合法权益等。道德责任包括注重员工的福利待遇、保护环境、对产品负责等。一个企业,不仅要履行法律责任,同时要承担道德责任。企业只有主动听从国家政策指引,自觉承担起时代赋予的社会责任,才能树立良好的企业信誉和企业形象,才能得到社会各界的接纳和认可,才能更好地为社会创造财富。

正泰作为改革开放的受益者,多年来,除了为希望工程、扶贫济困、抗洪抢险、抗震救灾、环境保护工程等捐款捐物来承担社会责任外,还在帮扶产业链发展方面做了许多积极的探索和努力,也取得了可喜的成果。

企业弄清楚了什么是客户,谁是客户的问题以后,还要弄清楚如何服务好客户的问题。

多年以来,正泰服务客户主要是从三个角度来把握的。

第一是打造正泰"质量文化"。

1993年,我们提出"重塑温州电器新形象""宁可少做亿元产值,不让一件不合格品出厂"的口号。从这个时候起,正泰的品牌逐渐在客户中树立起来。在国内同行业中,正泰集团率先通过ISO 9001质量管理体系、ISO 014001环境管理体系和OHSAS 18001职业健康安全管理体系认证,先后获得"中国驰名商标""全国质量管理奖""中国工业大奖"等荣誉。

第二是打造正泰"诚信文化"。

正泰把诚信看作是企业的无形资产。正泰的"正"字(即经营要走正道,为人要讲正气,产品要做正宗)就体现了对诚信的坚守。从根本上来说,正泰的质量文化,也就是一种诚信文化。

诚信是企业的第二生命。特别是在今天的诚信经济时代和信息化时代,一个企业在大众中的第一印象首先就是诚信印象。可以说，没有企业的诚信就没有企业的品牌，诚信既是企业的软实力，也是企业的硬实力。诚信之所以可以说是企业的硬实力，是因为没有实力的企业即使很想诚信经营，事实上也没有能力为客户提供高品质的服务。

第三是打造正泰"创新文化"。

正泰的"创新文化"集中体现在两句话：鼓励创新，宽容失败。

要让客户满意，必须能够提供一流的产品和服务。一个没有技术含量的企业，充其量就是个处在产业链低端的打工仔。

中国的企业必须要有"中国芯"，必须要有中国的核心技术。这些年来，我始终认为"存钱不如存技术"。为此，正泰一直坚持自主创新理念不动摇，正泰每年拿出销售收入的3‰~10%用于研发，高端装备研发费用更是高达50%。目前，正泰参与制定和修订行业标准120多项，获国内外各种认证近2000项、专利授权4000余项，自主研发的光伏背钝化ALD设备和高效异质结HIT-PECVD设备也处于国际领先水平，在光伏高端装备市场备受青睐。此外，正泰集团自主开发了基于云计算技术、超过1000万点、技术先进的新型轨道交通综合监控云平台等等。

2015年，在正泰"昆仑"系列产品开发中，公司组建了400多人的专业团队，3年时间就把全系列的产品推了出来。整个系列产品经过7800多项可靠性测试，使之能够适应零下35℃到零上70℃的严苛环境，获得360多项专利。这样的成就体现的是正泰多年沉淀下来的"创新文化"的力量，也体现了正泰的创新从迎合需求到引领消费的转变。

为了让客户满意，多年来正泰一直在积极推进服务模式的创新。一开始，正泰只做传统低压电器，后来选择到太阳能光伏领域去深耕，使用信息化技术和传统产业相结合，通过"引进来，走出去"战略，已经形成了涵盖发、输、储、变、配、用的全产业链经营模式。正泰的服务模式也不断创新——

从"卖单品"到"EPC总包交钥匙"工程,从"传统制造"到"互联网+智能制造",从"传统加盟商模式"到"多样化营销模式"。

多年来,我们将"正泰梦"视为"中国梦"的一部分,义不容辞地承担起时代赋予的责任。眼下,正泰致力于成为"全球领先的智慧能源解决方案提供商",秉持"让电力能源更安全、绿色、便捷、高效"的使命,铿锵前行。未来,正泰将继续坚持"以客户为中心",坚守创新驱动、品质至上的承诺,将"正泰梦"落到实处。

本书有心的作者将正泰多年来围绕"为客户创造价值"的经营理念所做的探索与实践进行整理、提炼,深度解读正泰客户观,这既是对过去经验的归纳总结,也是对未来工作的指引和鞭策。从我本人来说,是深感欣慰的。

我愿意向读者,尤其是我们的广大员工推荐这本书,希望大家开卷有益。

南存辉
**全国政协常委**
**全国工商联副主席**
**正泰集团董事长**

# 目录

## 一 理念引领篇

企业如何在广大员工之中营造诚信环境和诚信氛围？如何打造一支高绩效团队？如何有效地识别出"奋斗者"？为什么说一个负责任的企业，会有一个正确的市场竞争观？什么是创新型人才？如何构建创新文化体系？

### 第1章 敬畏客户 / 2

1 为客户创造价值 / 2
2 创业精神成就辉煌 / 8
3 背负使命，坚守梦想 / 15

### 第2章 诚信是金 / 20

1 让诚信成为企业灵魂的一部分 / 20
2 诚信价值无限 / 24

3 诚信需要用心呵护和真心付出 / 28

## 第3章 绩效导向 / 35

1 高要求出高绩效 / 35

2 团队精神是保证 / 41

3 让奋斗者站上来 / 47

## 第4章 合作共赢 / 53

1 与客户和市场的关系 / 53

2 与行业竞争者的关系 / 58

3 与政府、政策的关系 / 65

4 与社会、生态环境的关系 / 71

## 第5章 创新致胜 / 77

1 创新是企业生存发展的关键 / 77

2 将发现和培养创新型人才作为工作重点 / 84

3 为创新提供更大的舞台和空间 / 89

# 二 体系平台篇

企业如何实现产品和服务升级？什么是工匠精神，工匠精神的内涵是什么？如何认识"让听见炮声的人做决策，让看见炮火的人呼唤炮火"的问题？企业如何培养人才，建立人才梯队？企业管理者应该在人才队伍建设中承担什么样的责任？

## 第6章 至臻品质 / 98

1 瞄准供给侧 / 98

2　负责任地做好产品　/　104
　　3　人人都是"大工匠"　/　108

## 第7章　技术创新　/　115

　　1　从产品设计开始　/　115
　　2　创新的三个支点　/　122
　　3　从"跟随"到领先　/　128

## 第8章　营销体系　/　133

　　1　适应市场变化，推进商业模式创新　/　133
　　2　品牌营销是长久之计　/　139
　　3　让听见炮声的人做决策　/　145

## 第9章　产业协同　/　152

　　1　从利益共同体到命运共同体　/　152
　　2　"以大带小"拓展与整合产业链资源　/　158
　　3　面向全球的"资金＋技术"　/　163

## 第10章　团队建设　/　169

　　1　充实人才储备，不断灌注新鲜活力　/　169
　　2　培养得力干将是每个管理者的重要任务　/　174
　　3　发现典型，树立典型，宣传典型　/　181

# 三　服务策略篇

　　为什么说简单的服务往往很难做到？"客户永远是对的"这句话应该如何理解？在工作中怎么保证"客户永远是对的"？应

该如何推进服务质量保障体系建设？提升客户满意度应该重点关注哪几个方面？

## 第11章 服务创造价值 / 188

1 "服务转型"：从被动到主动 / 188

2 让服务带来效益 / 193

## 第12章 服务永无止境 / 200

1 从满足需求到引领消费 / 200

2 增强客户体验，客户永远是对的 / 206

## 第13章 服务质量承诺 / 212

1 服务质量的保障 / 212

2 客户满意度是唯一评判标准 / 218

后记 / 225

# 一
## 理念引领篇

企业如何在广大员工之中营造诚信环境和诚信氛围？如何打造一支高绩效团队？如何有效地识别出"奋斗者"？为什么说一个负责任的企业，会有一个正确的市场竞争观？什么是创新型人才？如何构建创新文化体系？

# 第 1 章  敬畏客户

## *1*  为客户创造价值

客户是企业利润的来源,是企业生存和发展的基础,企业只有通过向客户提供优质的产品和服务,才能实现产品和服务的价值,才能获得经营利润并实现持续运营。管理学大师彼得·德鲁克指出,企业的根本目的只有一个,即"创造客户"。可见,企业的一切工作都要围绕"创造客户",不断满足客户的需求来开展。

### ▶ 精准界定客户群体

企业只有精准界定自己服务的客户群体,才能获得生存的土壤。

企业的客户群体是由企业拥有的资源决定的。企业的资源在哪里,企业的客户就在哪里。因此,在界定客户群体之前,企业首先需要对自身拥有的资源进行充分的思考。企业只有对自身拥有的资源有了充分的认识,才能定义好企业的客户群体,才能有针对性地打造企业自身的体系和平台,才能立足自身对客户群体做进一步的深挖和拓展，从而为获得数量足够多的客户群体，为企业步入快速而长足的发展轨道提供保障。

此外，我们还要认识到，随着时代发展，客户的需求也在不断发生变化，企业只有跟随客户需求的变化做出相应的调整和改变，才能在市场竞争中立于不败之地。从一定意义上说，客户的概念实质就是客户的需求，即不同的客户代表不同的需求，不同的需求也就代表不同的客户群体。

因此，企业要立足自身，充分认识自身资源状况、管理水平、技术研发、对市场的理解与把控等能力。在此基础上深刻认识和理解客户，努力把握市场变化和客户需求变化，将市场方向、客户需求与自身资源紧密结合，及时做出调整，充分发挥自身优势，挖掘自身潜力，发现并满足客户需求。根据客户需求去组织安排生产活动，开发并生产出满足客户需求的产品、服务或解决方案。

只有紧跟客户需求的变化，企业才会抢占先机，赢得主动，获得持久而快速的发展。所以，对客户需求的准确把握、提前预知、恰当引导应该成为企业经营的重中之重，唯有如此，企业才能更好地在激烈的市场竞争中打造自身优势，实现企业的成长与进步。

在三十多年发展过程中，对于客户的概念，正泰集团（以下简称正泰）在经营管理层面上形成了自己的一套独特理念。

长期以来，"客户就是上帝"是每个商业组织熟稔于心的经营法则，但正泰却强调"两个上帝"：一个是外部的客户，一个是内部的员工。这就是南存辉的"两个上帝"说。"两个上帝"说衍生出了正泰的经营理念——"为客户创造价值，为员工谋求发展，为社会承担责任"。"两个上帝"说也道出了正泰对于"客户"这一概念的深刻理解——客户分为外部客户和内部客户。

对内，正泰不仅把员工当作"上帝"，同时也要求员工把公司当作"上帝"，把和自身业务相关的内部同事当作"上帝"。并且从这里引申开来，要求集团内部各产业公司把和自身业务相关的兄弟公司当作"上帝"，不断调整对待业务的态度，加强相互协作。

正泰把"企业内部也有上帝"的这个理念上升到与对待外部客户同等重要的高度,并作为一项重要的经营管理理念加以宣贯。正泰要求各个产业公司、各个部门、每位员工都能够深刻认识——你的工作对于内部客户和外部客户而言意味着什么。

**实际案例**

正泰新能源开发有限公司(正泰集团子公司,以下简称正泰新能源)流水线上的小李是一名操作工,他负责单焊的下一道工序——串焊。每天,单焊员需要把单焊的半成品交给小李进行串焊操作,串焊需要在单焊的基础上进行,单焊员要对小李负责,否则小李就无法进行串焊操作,这样小李就成了单焊员的客户。以此类推,小李把前面单焊好的产品进行串焊之后,再把产品移交到叠层测试这一工序,叠层测试员就成了小李的客户。

对内部客户的漠视必然导致对外部客户的忽视或不关心,从而削弱企业的竞争力。因此,满足内部客户的需求是满足外部客户的基础。回到上面的例子,小李作为串焊员,就要关心、理解并满足自己的客户——叠层测试员的需求。例如,怎么更高效地把串焊产品供应到叠层测试员手里?叠层测试员对串焊质量的提升有什么要求?等等。

服务好内部客户是服务好外部客户的保障,是一个企业能够不断"创造客户"的前提。

▶ **什么是客户的价值**

客户的价值可以从两个方面来讲:第一个方面是站在客户的角度来看,企业通过提供产品和服务向客户提供价值,即客户的需求得到了满足;第二个方面是站在企业的角度来看,企业通过与客户达成合作从而使企业获得回报,即企业从客户那里获得了利润。

事实上,第二个方面是第一个方面的自然结果,第一个方面是实现第二个方面的必要条件。两者是同一个问题的不同角度而已。企业更应该考虑的是如何站在客户的角度为客户创造价值。

企业为客户提供价值首先是从客户认识企业以及获得企业的产品和服务开始的。企业要为客户提供这种产品和服务的选择性和对比性。从这一点来说,企业要尽可能地提供更多、更优的可供选择的产品或服务,从而更好地为客户提供价值。

因为客户的需求是不断变化的,所以客户的选择也是动态的。如果客户发现其他更优的选择,那么客户原先的选择就会产生变化。更优选择的"价值创造"才是客户真正需要的、不变的价值。这就要求企业不仅要注重现有的产品和服务,还要求企业建立动态的、持续地为客户创造更高价值的、完善的企业运行体系。

## 实际案例

2016年1月针对广大的分销市场、行业市场及电商市场,聚焦电力、通讯、建筑、住宅、机械配套等行业市场,正泰电器股份有限公司(正泰集团子公司,以下简称正泰电器)在"互联共享、智创未来"为主题的正泰电器新春营销大会上正式推出正泰昆仑系列新产品。该系列产品包括万能式断路器、塑壳断路器、终端配电、电动机控制与保护等四大类,全面涵盖了电气系统中自上而下完整系列的产品规格,对正泰现有低压电器产品进行了一次全面的品质提升。

新一代的正泰昆仑系列产品为客户提供了系列完整、人性化应用、数字化体验、高性价比、节能环保并高度安全可靠的新一代低压电器产品,同时使正泰在未来低压电器市场竞争中取得了先机,并获得了广大经销商和用户的欢迎。

正泰只用了3年时间就完成了正泰昆仑系列产品的设计与研发，获得了专利数百项，这是正泰30多年在技术创新研发上厚积薄发、水到渠成的结果，充分展示了正泰所具备的市场策略、技术研发、生产管理等企业运行体系建设的成就。

那么，客户需要的更优选择与更高价值具体是指什么呢？这包括客户对产品和服务的品牌文化价值、产品性价比等的认知，以及使用体验、情感体验等使用过程中的实际感受。

为客户提供更优选择与更高价值，需要企业对客户的价值需求有深度的认知。在这个基础上，有目的地引导不同客户群的认知，有针对性地为不同客户群提供在品牌价值、产品性价比、售后服务体验等方面的更优选择和更佳体验，深刻、动态理解客户的价值需求与价值选择，才是企业营销的核心内容。

### ▶ 如何为客户创造价值

随着信息时代的到来，以前供方和买方信息不对称的问题，正在成为过时，现在的市场变得越来越透明。另外，由于产能过剩、技术进步、客户逐渐成熟等原因，市场格局也由卖方市场变为买方市场，客户需求发生了很大的改变。在这种情况下，光靠产品品质好或者产品价格低，企业很有可能得不到客户的认可而拿不到订单，或者即使能拿到订单，但却没什么利润，甚至会陷入做得越多亏得越多的窘境。要破解这种窘境，企业需要重新思考一个问题："如何为客户创造价值？"

要解决这个问题，企业就必须要站在客户的角度来进行换位思考：客户面临什么样的困扰和压力？如何才能帮助客户发展业务，提升效益？如何打造优势并且让客户感受到？等等。

爱因斯坦有句名言："提出一个问题往往比解决一个问题更重要。"通过提出"如何为客户创造价值"相关的系列问题，我们不难发现——"价值可以创造"。价值的创造既可以是创造全新的产品或服务，也可以是对当前的产品或服务进行改进。价值的创造往往是一个从量变到质变的过程，需要不断从产品设计、价格调整、响应速度等方面来实现，最终实现客户的接受度和满意度的提升。具体来说，为客户创造价值，企业的产品或服务需要不断实现以下几个主要方面的提升。

（1）创新性。其中主要包括两个方面：一是提供给客户一种全新的感受和体验。二是让客户用得更舒心、更便捷、更能降本增效。

（2）高性能。提升产品与服务方面的性能是比较常规的做法，但性能的提升应该以满足或引导用户需求为前提，不能随意提升或者过度提升。

（3）个性化。提供个性化的产品和服务，以满足细分客户群、细分市场的特别需求。在行业洗牌、市场细分的趋势下，客户个性化需求越来越凸显，企业需要主动适应这种变化，为客户提供更加个性化的产品。在增强客户体验度的同时，可以大幅提升企业的竞争力。

（4）安全稳定性。帮助客户提升在产品使用过程中对风险的把控，也是可以为客户创造价值的。

（5）品牌美誉度。企业通过自身的品牌塑造，提升品牌影响力，可以使客户通过使用某特定品牌而获得更好的购买体验、情感体验等。

为客户创造价值，不能局限于产品本身，还要从更广的层面来进行通盘考虑。企业必须推动商业模式转型，采用能够为客户创造更大、更多价值的新模式，充分利用所能利用的一切资源，满足客户深层次需求，帮助客户完成预期目标。

如何创新企业模式实现为客户创造价值？

首先，站在客户的角度，找出客户面临的关键问题，如：客户的价值观、客户的竞争对手、客户的预期目标等。

其次，改变营销模式。从为客户创造价值的角度制定企业相关规划，满足客户对于品牌形象、质量标准、业绩增长、工作进度等需求。

**实际案例**

正泰电器股份有限公司以前服务的是渠道客户，服务渠道客户只要有合适的产品和快速响应的物流体系就够了。但现在客户的需求在逐步提升，除了产品、物流以外，工厂的质量管控、技术响应、授权响应等方方面面也都涉及在内。为了应对这种情况，公司提出了一个新的营销模式，叫作"全价值链营销模式"：客户的问题不再是某个销售部门等单个部门单兵作战来加以解决，而是整个价值链条中各个环节组成一个全功能的作战单元、作战小组来解决问题，使用这种模式去协同渠道客户一起去满足终端大客户的需要。比如公司给华为提供支持、响应等服务，客户非常专业，对供应方的要求非常高，要求考察的范围不仅涉及产品的可靠性，还包括工厂的管理水平等，他们叫关联审核。比如交付给对方的是一个柜体，那么，柜体当中涉及的所有的部件，他们都要去审核，这就是关联审核。这就要求集团的各个产业板块，都要能够满足华为的条件，各个产业板块的管理水平、服务水平、技术响应能力等不能有任何一块短板。

创新企业模式不仅为客户创造价值，还要求企业培养新型营销队伍，全方位地开展培训，帮助营销人员改变服务客户的思维方式及工作模式，强化有关技能。

创新企业模式为客户创造价值，企业需要建立创新机制持续推动创新，不断推动企业转型升级。

## 2　创业精神成就辉煌

天行健，君子以自强不息。

什么是创业精神？简单地说就是把自己当作老板，把工作当作事业，把企业当作家。

拥有梦想、坚持梦想、创造梦想、实现梦想，是创业精神的根本内涵。合作、创新、拼搏、毅力、激情、领导力等一切创业者的特质都由此而延伸出来。

一个人有没有梦想，要看他是被动的思维还是主动的思维。一个人有没有创业精神，要看他是把自己当作打工仔还是把自己当作老板。

一个没有梦想的人，不会有主人翁意识。一个没有创业精神的人，不会有老板思维。

什么是主人翁意识和老板思维？就是站在企业生存和发展的角度来看问题，就是始终保持敬畏之心，就是面对一个选择，必须在"YES"和"NO"之间作出决定，就是为了客户满意而不计较是否加班。

一个员工，如果从早到晚老想着几点下班，什么时候放假，总是觉得工资太少，一到多干点事情的时候首先就想到个人利益，这样的员工是没有主人翁意识和老板思维的，这样的员工是没有创业精神的，这样的员工学历再高，能力再强，也不可能成为一个受企业欢迎的优秀员工。

相反，那些处处站在企业的角度思考问题，站在老板角度看待事情的员工，往往是最受企业欢迎的员工，这样的员工，哪怕是初中学历，往往也能够做出不平凡的业绩，因为他具有主人翁意识，具有老板思维，具有创业精神。

现在的社会，浮躁的人很多，踏实努力肯付出，不计较报酬的人却不多。企业提倡创业精神就是为了唤醒员工的主人翁意识，培养员工的老板思维，弘扬艰苦奋斗的创业精神，鼓励员工充分挖掘个人的自身潜力，在做出个人贡献、帮助企业成长的同时，实现自我价值最大化。

任何一个企业、任何一个老板需要的不是学历，也不是能力，而是业绩。学历不等于能力，能力也不等于业绩。企业需要每个员工交出来的是业绩。一切拿业绩说话，没有业绩，企业的发展从何谈起？个人的价值实现又从何谈起呢？只看业绩、只看结果,这是创业精神的最根本特征和最直观反映。

要做出不平凡的业绩,首先要有主人翁意识,首先要有老板思维,首先要有创业精神,首先要把事情踏踏实实地干起来。

不要计较,也不能计较,一计较,就干不好工作,就难以做出突出的业绩。"人是要有一点精神的。"这个精神是什么?就是奉献的精神,落实到现实就是为了工作、为了事业、为了企业埋头苦干不计较不抱怨的创业精神。

### 实际案例

蒋基兴(1929年1月—2011年3月),男,上海人,中共党员。20世纪80年代,蒋老在退休以后加盟正泰,是正泰技术领域的奠基人之一。正泰热继电器实验室在蒋老和几位老人的努力下从无到有。

当时出厂的产品是否合格,都需要通过蒋老负责的校验台进行系统检测,确定各项参数合格后方能交付到客户的手上。而由于热继电器特殊的工作原理,每批产品的校验过程通常需要8个小时以上,因此检验台的工作实行24小时3班倒的方式。与此同时,由于检验台全天候运行,检测设备也会时常出现故障,这对于负责的工作人员来说,除了体力上的要求之外,更需要有能够及时找出问题并排除故障的娴熟专业技能。

作为校验台总负责人,蒋老当仁不让地担起顶梁柱的作用。从观察、检测、统计、分析、研究、讨论,蒋老很少离开这个房间。在热继电器实验室及校验台创建没多久,相关人才还没有来得及培养起来之时,检验台初期的日常运转都依赖着蒋老。除了白天的正常工作时间之外,很多时候会在夜间校验台出现故障,有时看管维护的人员无法排除故障,不得不请来已经入睡的蒋老。每当这时,时年六十岁的老人总是欣然披上外衣跟随工作人员到车间解决故障。

每每说到这段往事，与蒋老曾经共事过，现如今也已退休的宋国峙老人总是会竖起大拇指，盛赞蒋老的敬业精神："蒋老非常敬业、很有责任心。当时我住在蒋老旁边的一个房间。那时候，我就常会在半夜听到有人在外面喊他：'蒋老呀，那个热继电器坏了'，他听到后马上起来，对此毫无怨言。"

在正泰那段艰苦创业的时期内，老人的付出除了让产品在质量管控的改善水平上了一个大台阶之外，也促使了正泰率先成为当地第一批取得原国家机电部颁发的生产许可证的企业。

对于一个企业、一个员工，最宝贵最核心的价值是什么？只有一个，那就是艰苦奋斗的创业精神。因此，南存辉时常告诉自己的子女："不要比吃穿，要比才能，要艰苦朴素，自力更生。我可能不会有很多的金钱留给你们，但我的创业精神、艰苦奋斗的精神更值得留给你们。"

人的潜力是巨大的，而创业精神就是一把金刚钻，只有付出努力，才能钻出无穷无尽的宝藏，创造人生事业的辉煌。

那些甘于平庸的人总是爱计较的。

为什么有的人总是爱计较这计较那？那是因为短视。那是因为只看得见眼前小的得失，却看不到长远、长久的成长与成功。

要获得必先付出，要想出头必先埋头，要想成功必先沉淀，天道酬勤，有舍才有得，这是千古不变的规律。而有些人却常常把这个规律抛到脑后，只看见眼前的利益。

有一个著名的"斯坦福棉花糖实验"，是斯坦福大学 Walter Mischel 博士1966年到20世纪70年代早期在幼儿园进行的一系列心理学经典实验。在这些实验中，小孩子可以马上选择一样奖励（棉花糖或巧克力等等），或者选择等上一段时间（通常为15分钟），这样就能得到双倍奖励。研究者发现选择等待一段时间而得到双倍奖励的小孩通常具有更好的人生表现，如更好的教育成就、身体质量指数，以及其他指标。

如果一个员工不关心企业利益，不关心企业的发展前景，每天到了公司不是想着怎样才能为企业创造更多的价值，不是想着为企业控制成本，不是想着为企业提高效益，而是以一个打工仔的思维方式，总是在工作上计较，在报酬上比较，害怕得不到回报而应付工作、不愿意付出，这样的员工工作时间再长也做不出令人刮目相看的业绩，工作时间再长也是没有晋升机会的。任何一名员工，只有具备主人翁意识、老板思维，树立创业精神，才能为企业的长远利益而舍弃个人的短期利益，最终实现个人价值的最大化。

具体来说，创业精神的内涵有以下几点。

### ▶ 弘扬创业精神，首先要敢于面对挑战，勇于担责

员工应该时刻为企业着想，在领导下达任务时，不找借口推卸。

工作就是责任，岗位就是任务。每个员工的岗位可能会有所不同，业务可能会有所不同，专业可能会有所不同，但无论是哪个岗位上的员工都要勇于和能够承担责任。在工作中，一个人的最大价值就是以超出预期的方式完成任务。

要完成超过预期的任务，首先要有勇于担当、为结果负责的精神。比如，当遇到难以克服的困难时，不灰心气馁，不放弃，始终保持坚韧不拔的意志，创造一切条件完成任务，为最终的结果负责。

### ▶ 弘扬创业精神，要不断追求卓越和完美

员工要把企业的目标与个人的目标紧密联系在一起，在自己的岗位上不断地去追求卓越。工作不仅是员工获得个人价值的必经之路，更是每个员工都应该坚守的责任。只有坚守属于自己的那份责任，全身心投入工作，才有在平凡的工作岗位上做出不平凡业绩的可能。

要尽心尽力，相信只要努力就一定能行。对待工作要有百分之百的要求，不

要有"差不多"的思想，更不能形成"差不多"的习惯。

▶ **弘扬创业精神，要以不断提升的专业素质作为保障**

专业是员工能够承担责任和完成任务的保障。无论什么岗位，只有具备足够的专业知识、专业精神，才能把工作做好。对于企业里的每个员工而言，无论是基层一线员工，还是中高层领导，也无论工作内容是富有挑战性的，还是枯燥、重复性的，每个岗位本身都有着自身的专业性与熟练性所在，都有专业能力高低的差别，工作任务里也都有可以挖掘的亮点。每个员工只有尽心尽力地去努力，才能达到一定的专业水准，才能有与众不同的业绩表现。通过不断学习，不断提升自我以适应更大的挑战是创业精神的重要特征之一。

▶ **弘扬创业精神，要有合作意识，以及合作的胸襟与魄力**

合作意识与合作精神是创业精神的重要内涵之一。因为只有合作，企业才能快速成长，从而获得快速发展，特别是在竞争愈发激烈的经济发展新常态下，合作越来越突出和重要，甚至已经成为必不可少的一环节。越来越多的工作目标必须通过合作才能完成，靠单打独斗的时代已经渐行渐远。在竞争的基础上合作，在合作的基础上竞争，这已经成为大势所趋，企业上下不仅要树立竞争意识，更要积极寻求合作。一个自我封闭，没有合作、分享精神，也不懂得取长补短的企业，必定会在市场竞争中走下坡路。

企业员工在日常工作中，要善于合作，乐于分享。合作促进成长，分享获得快乐，企业内部各板块、模块之间要形成一方有难八方支援的良好合作与支持的氛围。

▶ **弘扬创业精神，就要培养最佳的执行力**

执行是一个员工坚守责任的直接反映。一切工作，赢在执行。如果一个人只说不做，那只会成为一种空谈。一个执行力强的员工，绝不会抱怨付出了多少，而会沿着既定的目标，努力做好工作，善始善终，直至完成。创业精神要的是结果，不是理由。

完美的执行力需要有高度的专注和不懈的坚持，要能够经受住一切考验，不受干扰和诱惑。执行力就是对责任、理想、信念的坚守，是真正战斗力的体现。

▶ 弘扬创业精神，就要鼓励创新，包容失败

"谁牵住了科技创新这个牛鼻子，谁走好了科技创新这步先手棋，谁就能占领先机、赢得优势。""没有创新，就没有未来。必须始终坚持在继承中创新，在创新中发展。"总书记的指示完全适用于现代的企业经营，适用于每个人的成长。

▶ 弘扬创业精神，要培养全心全意为客户服务的品质

只有"以客户为中心"，全心全意为客户服务，才能有认真细致、"好字当头，质量第一"的为客户服务的工作态度。

企业为客户提供服务需要通过员工来实现，员工在客户面前就是企业的代表，如果员工的服务态度不好，就会导致客户对企业的不满意，就会拖累企业，从而使企业受损。企业需要培养一批把工作当成事业，把企业当成家，工作中勤勤恳恳、踏踏实实、任劳任怨的"老黄牛"一样具有奉献精神、牺牲精神的员工。

多年来，正泰坚持以人为本、价值分享文化不动摇，将员工视为"上帝"，努力为员工提供和打造创业平台，不断增强员工的自豪感、使命感和归属感，培养与激发员工的主人翁意识、创业精神，调动员工能动性，为人才释放潜力提供机会，不断增强企业的凝聚力、战斗力和创造力。

南存辉旗帜鲜明地指出，正泰文化的根本是艰苦奋斗的"创业文化"，在中

国"二次改革"的大背景下,正泰必须要永葆创业精神才能不落伍,才能负起时代和社会赋予的责任。

"经过30多年的发展,有些人开始小富即安甚至故步自封",逐渐丧失了创业精神,我们认为"过去的成功只是一朵小浪花,正泰必须永远保持创业的激情与动力,不忘出发时的初心,才能继续引领行业,不被刷掉。"南存辉如是说。

正泰将弘扬创业精神、建设创业文化视为保障企业基业长青的一大"法宝"。

## *3* 背负使命,坚守梦想

坚守梦想,保持敬畏,"烧好自己那壶水"。

2013年,新华社记者曾经采访过正泰集团董事长南存辉,下面选取其中一段对话。

### 实际案例

记者:我们发现,你没有涉足过房地产。你是土生土长的温州人,但好像又跟很多温州人不一样?

南存辉:我们很早就下定决心,专心做一件事,把正泰这个牌子做响,让它跻身世界电器之林。所以这一路上,不管有多少诱惑,我都告诉自己,告诉团队,不要动心。我认为,做实业虽然挣不了快钱,但能做大、做久。我反复讲烧开水的理论。一壶水没烧开,又去烧第二壶,结果回过头,第一壶水又凉了。我们要做品牌,目光就要长远一些。做企业,赚钱第一,不是唯一。我们温州人,追求的不光是钱,还有很多梦想。(选自新华网 章苒/文)

创业30多年来，正泰坚守实业不动摇，逐步实现由小到大、由大到强的转变。

作为非公有制经济的一员，正泰贯彻落实十八大、十九大精神，凝聚全部力量将"中国梦"落地到自身，努力实现"正泰梦"。

什么是"正泰梦"？

于正泰而言，"正泰梦"便是致力于成为"全球领先的智慧能源解决方案提供商"。

梦想铸造希望，梦想铸造激情。在正泰处于实现由大到强的转型关键期，如何正确判断形势，进一步优化资源，坚定大力发展智能电气、清洁能源等业务板块的信心，以创新推动企业转型升级，需要强大的理想和信念作为引领和支撑。"制造业强则国家强"，正泰人将"正泰梦"看作是"中国梦"的重要组成部分，正泰的转型升级就是当前中国制造业转型升级的缩影。因此，实现企业由大变强是正泰肩负的新使命，完成该使命才能强有力的托起并实现"中国梦"大背景下的"正泰梦"。

"正泰梦"是所有"正泰人"个人梦想的汇聚。

"我13岁初中毕业后修皮鞋，每天能赚5到8块钱，比当时一般的大学毕业生收入还多。后来我发现这不是我的事业，常常思考着未来的发展。娃哈哈的宗总卖水卖到中国首富，这是因为他执着于自己的梦想，是我们的楷模。"南存辉表示，要做成事业，梦想很重要，创业者一定要有自己的梦想。"有梦想就会有责任心，就会有执行力，就能克服前进中的困难。现在，习总书记为实现'中国梦'所发出的号召，更是激起人们无尽的憧憬与向往。"

正泰曾在2013年号召、举办过一次"中国梦、正泰梦、我的梦"三梦融合大讨论。通过形式多样的大讨论活动，正泰人经受了一次理想信念的洗礼，形成了"只有企业不断圆梦了,才能为员工提供更多的圆梦平台,才能为实现中华民族伟大复兴梦添砖加瓦"的共识。

**实际案例**

正泰,为我们提供了梦想实现的平台。我从1999年加入正泰,几乎一直在科技管理的岗位上,先后从事科技管理、产品认证、技术改造、专利管理等多项工作。工作中,我们及时组织新产品的研发、产品的国内外认证,以满足市场、客户的需求。同时,组织开展标准化、产品一致性的检查和管理,保障产品的生产和质量稳定。在新产品开发、市场拓展前及时组织专利的检索、分析和申请工作,防范风险,保护自主知识产权。为公司产品的生产、销售,获得良好经济效益担负起自己的职责。我的梦想也随着正泰的飞速发展在逐步实现。(节选自《科技创新助企业腾飞助梦想实现》陈文忠/文)

**实际案例**

2004年我有幸以实习生的角色进入正泰电器销售中心工作,一开始就被正泰的活力、正泰的文化、正泰人的精神深深吸引,当毕业季面临就业选择时,我放弃了去广东电信公司的工作机会,毅然决然地选择了继续留在正泰去实现我的梦想。

如今,市场竞争愈演愈烈,当客户的需求由原先单一的产品向系统解决方案转变;公司未来能否在新的市场竞争中赢得优势,能否实现千亿销售目标,将要靠驱动公司发展的"三驾马车"决定,即品牌拉力、销售推力和产品支撑力。而肩负公司产品线管理、市场研究、品牌管理、媒体推广、营销方案制定等关键职能的市场部,承载了提升品牌拉力、产品支撑力及销售推力的重任，还将面对更多的市场挑战。此时，作为市场部副总的我，又有新的梦想，就是要加快学习国际企业先进的产品线管理的经验与方法，既要借鉴，又要创新，要结合公司的实际情况，加强行业客户应用研究，推动系统产品的发展；通过实践培养、讨论学习、工作指导等方法与途径，激发团队的工作归属感与工作热情，培养一支精干高效的市场团队；建立具有正泰特色的、市场驱动的产品线管理模式，为公司增配产品支撑力的发展引擎，构建产品支撑力竞争优势，与已具优势的品牌力、销售力相呼应，全面驱动正泰早日实现千亿销售目标，同时实现个人和团队的成就与价值。（节选自《弘扬中国梦 共筑正泰梦 践行我的梦》邵丽成/文）

### 实际案例

我是2000年进入正泰的，那年18岁。现在已经快19年了。初入正泰时人还很小，可以说没想过什么伟大的梦想。工作了一段时间后，我的想法变了，正泰的企业文化深深地吸引着我。忽然明白这就是我实现人生价值的地方。工作了，不管在什么岗位就应该做到最好。所以工作中我不断地学习，向老员工学习，向技术员、质检员请教。2008年我成为了一名专职组长，一名基层管理人员，实现人生价值又迈进了一步。从一线员工到基层管理人员，角色也发生了改变。

班组是企业的细胞，是管理的基础，是各项任务最终的接受者，执行者。作为兵头将尾，我既是一名管理者，又是一名普通员工。与班组员工朝夕相处，一言一行都真真切切被组员看在眼里。如何做好一名班组长，做一名优秀的班组长一直是我思考的问题。

记得我的父亲跟我讲过一句话"做一个有心的人"。这句话一直刻在我的心里。对家人要有爱心、孝心、理解和感恩的心，在工作中更应该如此。我是一名班组长，组员就是我的家庭成员，如何让组员开心地

工作,带领他们负责任地做好产品,就是我努力工作的目标。(节选自《梦想与价值》付庆根/文)

实现中国梦必须涌现出一批世界级的民族企业,正泰责无旁贷。打造"全球领先的智慧能源解决方案提供商",是正泰人对企业梦想孜孜不倦的追求,正泰在生产实践中,始终坚持敬畏客户的理念,坚守创新驱动、品质始终如一的承诺,将"正泰梦"落到实处。

"正泰梦是什么?正泰的路在哪里?研产销如何一体化?……"对于"正泰梦",南存辉提出了一连串问题。他说,在企业发展中,理想和信念相当重要,"中国梦"具体到正泰就是"正泰梦",只有树立坚定的理想和信念,才能更有动力去创新发展。某次大会上南存辉引用唐代诗人白居易的"吉凶祸福有来由,但要深知不要忧。"希望与会人员能够紧紧抓住时代赋予的机会,主动担当起相应的社会责任,担当起时代赋予的使命感,一如既往地"相信中国共产党的领导智慧和各级政府的有效作为;相信市场机制的作用;相信中国文化的力量",不断引领相关产业往高质量、高标准、严要求方向上进行提升,加快实现"全球领先的智慧能源解决方案提供商"的企业宏伟目标。

在 2002 CCTV 中国经济年度人物颁奖晚会上,主持人问南存辉最想说的一句话是什么?南存辉说:"我憧憬,不久的将来,在世界制造业领域,有一个响亮的品牌来自中国,它的名字叫正泰。"

# 第 2 章 诚信是金

## 1 让诚信成为企业灵魂的一部分

诚信是中华民族的传统美德。

什么是诚信？诚信是诚实和守信的组合。具体来说，诚信是指真诚、无欺、老实、守信。诚，即真诚、诚实；信，即讲信誉、守承诺。简单地说，就是说老实话、办老实事、做老实人。《说文解字》说，"诚，信也"，"信，诚也"。诚和信是一个不可分割的整体，就像是人的两条腿相互辅助、相互支撑一样。

什么是诚信？诚信是一种美德。诚信是社会主义荣辱观中的内容之一。古人云："诚信于君为忠，诚信于父为孝，诚信于友为义，诚信于民为仁。"在人们眼里，诚信是人格、修养、爱心、责任心、品德、伦理的重要体现；诚信是一个人、一个社会组织文明程度的象征和标志；诚信是整个人类社会最重要的美德之一。诚信不仅能够带给他人温暖、光明和力量，诚信也能够带给自己温暖、光明和力量。诚信使人精神高尚、灵魂高贵，诚信受人尊重和爱戴。

什么是诚信？诚信是做人做事的根本法则。《孟子·离娄上》中曰："诚者，天之道也；诚之者，人之道也。"意思是说：诚实是天地之大道，是天地之间的根本规律；追求诚信是做人做事的根本法则。宋代理学家朱熹曰："诚者，真实无妄之谓，天理之本然也。"意思是说：言行须循天道，说真话，做实事，不虚伪不掺假，不说大话、空话、假话，言行一致，诚实可靠，这才是符合自然规律的。可见，在人类社会中，诚信不仅是一个道德的问题，而且是社会交往中不可违逆的规律、规则和法则。

什么是诚信？诚信不仅是一种美德，一种法则，更是一种宝贵的资源。对于个人，诚信能够让人具有高尚的人格魅力，从而得到他人的支持和帮助；对于企业，诚信是一种宝贵而无形的品牌资产。伴随着全球化、信息化的发展，以及市场经济的逐步规范，人类的经济活动已经步入了诚信经济时代。在诚信经济时代，每一个人都需要诚信，每一个企业都需要诚信，每一个行业都需要诚信。在诚信时代，诚信就是竞争力，诚信就是市场，诚信就是财富。对于企业来说，只有诚信做事，才能赢得更多客户的信任和青睐，才能融入市场，从而让企业获得更大的生存和发展空间。

对于企业来说，诚信就是企业将信誉视为自己的"第二生命"；对于企业来说，诚信就是真心实意为客户负责；对于企业来说，诚信就是把客户的口碑视为企业品牌的根本源泉；对于企业来说，诚信就是不搞那些偷工减料、瞒天过海等弄虚作假的手段，老老实实地做好产品、提供好服务。具体来说，企业的诚信经营主要包含以下几个方面的内容。

（1）把保证质量和满足客户要求放在第一位，以质量和服务为依托，全面狠抓质量管理，建立一套规范化、科学化和制度化的质量管理体系，以提高企业质量管理水平，努力打造品牌产品，努力打造优质工程，把企业的荣辱与发展和客户的口碑，以及对社会的贡献紧密结合在一起。

（2）建立比较完善的营销服务体系，及时对客户的需求做出快速响应，实现以客户满意为追求的售前、售中、售后全方位服务体系；从生产加工、工程测量、安装、售后一条龙服务，并实行跟踪服务，定期调访，以赢得客户的信赖，提高企业的信誉。

如果企业在服务客户过程中，做法与上相反或者不够完善，就会使客户对企业产生是不是诚信、够不够诚信的疑问。

**实际案例**

正泰新能源开发有限公司目前提供 7×24 小时无间断的售后服务，12 小时响应，48 小时解决问题。不断完善运维、响应机制，通过建设公众号、主动上门拜访、电话联系等方式加强与客户的联系，甚至在客户生日时，不忘给客户送上生日祝福、小礼物等惊喜。

（3）规范的财务、金融体系建设。企业要对股东、投资人、银行、保险、合作伙伴等资本往来与合作方保持诚信，不弄虚作假，提供真实的财务会计信息等必要的内部信息。

金融、财务等方面的诚信建设是企业诚信经营的重要内容，是保障企业快速、稳健发展的重要一环。

**实际案例**

2002 年 6 月，美国世通公司被发现从 1999 年到 2001 年的两年间，虚构营收达到 90 多亿美元，引起世界哗然。世通公司因此诚信形象荡然无存，并最终破产。

（4）企业诚信经营的内容还包括对内部客户诚信，即企业要对内部员工诚信。企业要对内部员工展示诚信形象，包括：不拖欠工资奖金，不任人唯亲，赏罚分明等。企业对内部诚信是提升企业的内部凝聚力和战斗力的基础和关键。

如果企业在日常经营过程中，做法与上相反或者不够完善，企业的诚信经营就会遭到来自内部员工和外部客户的双重疑问。

（5）提升企业经营理念，推动企业诚信建设。坚持"信誉第一"、"用户至上"的宗旨，坚持"诚信服务"的理念，积极建设企业的诚信文化、企业诚信管理体系，来保证企业的诚信经营。

对于企业员工来说，什么叫诚信工作？

先贤说"人而无信，不知其可也"。正泰是以人为本的企业，始终秉持"诚信是立业之本"的理念。正泰要求每位员工都要在工作中做到诚信。

那么什么是工作中的诚信呢？

员工诚信的第一个内容是对企业忠诚，这是员工基本的职业操守，也是员工在工作中诚信的基础。员工在岗一天就要保持对企业忠诚一天，在岗一天就要热爱自己的本职工作一天。

其次，企业员工要做到令行禁止、遵章守纪，认同企业经营理念，按企业经营理念指导自己的行为，按规章制度规范自己的行为，养成按流程制度办事、按合同约定办事、坚持原则的工作习惯。

企业员工还要在工作中有主人翁的责任意识，顾全大局，维护企业利益，不做有损企业利益的事，不讲有损团结的话。在企业中，作为领导者，要廉洁自律，奖罚分明，不能任人唯亲，不能排除异己、包庇错误、欺下瞒上；作为被领导者，要本着对公司负责的态度，对工作负责，对自己负责。

工作中讲究诚信，更多地表现为尽心尽力。不管学历高低，不管技术高低，也不论能力大小、身在什么工作岗位，也不论是不是自己本职工作范围内的事情，只要对企业有利，就要保持关心，就要尽心尽力，这就是做到了工作中的诚信。那些领工资混日子，或者不惜损害企业利益为自己谋利等思想、行为都是对企业不诚信的表现；对于不在岗位范围内，同事请求协助的事情不积极、能推则推，或者敷衍、不理会，不愿意承担责任等思想或行为都是对企业没有诚信的表现；对于下属、同事或领导的工作不是推心置腹的沟通，而是嫉妒、打击、轻蔑、指责等都是对企业没有诚信的表现；对于工作中碰到的困难或者失误，不是设法解决问题，而是找出各种理由来推脱责任等思想或行为都是对企业没有诚信的表现；对于客户提出的要求，不是站在客户的角度考虑问题，不能够耐心地与客户沟通，对客户冷漠等思想或行为都是对企业没有诚信的表现。

有人说"工作中的诚信是最好的财富"。一个员工，只有真正理解了什么是诚信，并且在实际行动中积极实践，才能发挥出最大的价值，才能为企业创造更多的财富。

一个员工，可以忘记什么是"诚"，可以忘记什么是"信"，但是一定不能忘记什么是"不诚"，不能忘记什么是"无信"。

诚代表着理想的根和苗，信代表着事业的枝和叶，无论对于企业还是对于员工个人，只有"诚"之根够深，"诚"之苗够正，代表事业的"信"才能枝繁叶茂。"内不欺已，外不欺人"，只有做到精诚于中，才能做到施信于外。

一家企业，也许可以不知道怎么样才是诚信，但是永远不应该忽视或忘记什么是不诚信。

## 2　诚信价值无限

如果没有诚信经营，正泰就生产不出质量过硬的产品，如果生产不出质量过硬的产品，正泰就不会率先获得国家颁发的生产许可证，如果没有获得国家颁发的生产许可证，就不会有今天的正泰。

所以，在正泰日常经营活动中，诚信守法被列在了最重要的位置。因为诚信，正泰才一路走到了今天，因为诚信，正泰才能赢得客户的认同逐渐发展壮大。"民无信不立"，企业唯有依靠诚信才能够赢得人心，企业如果不诚信不仅难以持续发展，还会付出惨重的代价。

要经营好企业，首先要把诚信当作是利润之源。

思想家墨子说："利人者，人亦从而利之"。现代管理学大师彼得·德鲁克指出："企业诚信作为企业核心价值观是万古长存的，它是企业文化与企业核心竞争力的基石"。诚信是交易的基础，也是互利共赢的基础，更是企业从客户那里获得利益的源泉。

英国著名学者亚当·斯密对经济人的概念解释主要有这样几点：1. 每个人是他自己利益的判断者，如果不发生干预，他的行为可使他达到自己的目的（最大利益）；2. 每个人在追求自己的利益时又不得不考虑他人的私利，否则就难以实现自己的利益，正是在这一点构成了交易的意义；3. 当每个人都能自由地选择某种方式追求自己的最大利益时，"一只无形的手"会将他们对私利的追求引导到能够为公共利益做出最大贡献的途径上去。

从亚当·斯密的解释我们知道，必须遵循互利共赢的原则进行交易才能实现自己的私利。作为经济人的企业要获利，就必须诚信；只有坚持诚信，才能不断扩大交易，持续获利。所以从根本上来说，利益是诚信的本质，诚信是利益的源泉。

企业必须牢牢记住诚信的重要性。企业作为经济人的属性决定了企业必须诚信，不诚信的企业就脱离了一般意义上的、正常的经济人的概念。

诚信具有放大效应。诚信不仅是企业与客户达成交易、互利共赢的关键，还是企业扩大影响力，赢得口碑的关键。建立在相互守信基础上的交易，不仅有利于双方不断产生新的交易，而且还会因为有关交易信息的正面传播，从而产生新的、更广范围的交易，从而使交易扩大化。相反的，如果交易双方不讲诚信，不仅会严重损害自己的利益，还会损害其他交易关联方、第三方的利益。比方说，如果正泰下面一个渠道商因为不够诚信而导致客户受损，那么，这个渠道商的行为会对正泰的其他渠道商的工作产生负面影响。所以诚信与不诚信，都会产生一系列的连锁反应，最终产生放大效果。

### 实际案例

1993年12月，正泰有一批产品将要出口到希腊，船期都已经定好了。这是正泰产品第一次出口到欧洲，意义很大。公司董事长南存辉赶到仓库装货现场，看见大部分产品都已经装货上车，准备运往港口，让工作人员临时打开一个包装箱，仔细查看了几件产品，发现有的产品颜色偏黄，虽说不是什么大问题，但还是心有疑虑，工作人员把问题反映给了南存辉。南存辉知道后立即叫停："这批货不能发，全部开箱重新质检！"

生产公司经理说这样会耽误船期，如果不能按时交货，可能会面临对方高额索赔。

南存辉说，那就空运好了！

经理说海运改空运，运费要增加80万元。

南存辉望着他，严肃地对他说，我们的品牌和信誉不只是这80万元，我们今天损失了这80万元，但是保住了正泰的品牌和信誉。我们算小账更要算大账，质量不能使企业一荣俱荣，却足以使企业一损俱损。比起正泰的国际声望和品牌价值，这点钱不算什么。

事实证明，正泰从国际上获得的回报已经远远超过一千个80万元，这个成绩的背后，体现的是正泰对于诚信的坚守。

经济学家吴敬琏说："从长远看，中国最缺乏的不是资金、技术、人才，而是信用。"在企业进行转型升级的关键时期，更要高度重视诚信建设。因为诚信和资金、技术、人才相比，更加具有深远的影响力，甚至会产生千金不换、难以磨灭的影响。从战略上，正泰把诚信看作是企业生存发展的根本。

正泰把企业管理当作是诚信管理，从生产、研发、设计、市场营销、售后服务等方方面面打造最严格的诚信机制。正泰相信只有坚持诚信，企业管理才能实现有序运行,只有坚持诚信,才能保证高效率,只有坚持诚信,才能保证高质量,只有坚持诚信,企业才能获得强大的创新力和竞争力。因此,正泰还把诚信看成是促进集团内外有效沟通的基础和纽带。在企业转型时期,正泰首先遇到了来自内部的各种矛盾。例如随着转型的深入,相互沟通、传达疏导工作的重要性越来越突显,正泰着力打造乐于沟通的内部诚信文化环境,希望使内部所有产业公司、部门、员工,都要对与自身有关联的同事、部门、产业公司保持诚信服务的精神,克服产业公司、部门、员工之间的本位主义,增强企业的凝聚力和向心力,把一潭死水变为一潭活水,营造出诚信友爱、团结互助、共同发展、充满活力的和谐局面。

一个企业不管拥有多么辉煌的历史和高大上的现在,只要诚信出现问题,品牌价值或企业价值就会瞬间坍塌,甚至短时间内在市场上消失。现实中这样的例子时有发生。纵观那些优秀的企业、能够长久经营下去的企业,在人们的心目中留下的都是货真价实的诚信形象。

百年老字号胡庆余堂国药号的大堂上,对内挂着"戒欺",对外挂的是"真不二价"。"戒欺"一匾是胡雪岩在光绪四年(1878年)亲笔跋文的,面朝店内,藏而不露,是专让店内员工看的。"戒欺"匾曰:"凡百贸易均着不得欺字,药业关系性命尤为万不可欺。余存心济世,誓不以劣品弋取厚利,唯愿诸君心余之心。采办务真,修制务精,不至欺予以欺世人,是则造福冥冥,谓诸君之善为余谋也可,谓诸君之善自为谋亦可。"两个字——"戒欺",成就了胡庆余堂的百年品牌、百年声誉。

诚信既是企业参与市场竞争的一张底牌,同时也是一张王牌。企业靠什么获得发展?毋庸置疑,靠持续地赢得客户的订单。企业凭什么能够持续地赢得客户的订单?只能是靠企业始终以客户为中心,只能是靠真诚地为客户着想、真诚地为客户解决问题,只能是靠在诚信前提下取得客户满意。可以说,企业之间的竞争其实就是企业之间诚信的较量,企业应该把诚信视为是企业的生命。从长远来看,诚信是企业基业长青的基础保障。

## 3 诚信需要用心呵护和真心付出

马克思认为，人是生产力中最积极、最根本的因素，也是生产力中唯一具有能动性、创造性的因素，再好的管理都需要靠人来执行。因此，企业的诚信体系建设，从根本上来说就是对每个员工个体诚信的管理、维护和提升。

▶ **构建企业诚信体系的工作重点是抓内部管理**

为了构建以人为本的诚信体系，正泰通过对企业诚信制度的建设、企业诚信文化的宣贯，来提升全体员工对企业经营理念、核心价值观的认同，来强化内部各产业公司、部门、人员之间真诚友爱与团结互助，调动内部员工的积极性、主动性和创造性，不断释放企业活力以更好地服务客户。如果企业内部各个模块之间都做不到诚信相待，又拿什么来保障对外部客户的诚信呢？

企业只有做好诚信建设，才能让内部员工的忠诚度最大化，才能有效提升内部团队的凝聚力，才能推动企业更好地服务客户。

构建企业的诚信体系，是企业诚信文化建设的核心。如：在企业培训中，要将诚信作为"必修课""常修课"，将诚信培训作为新员工入职的第一课；在绩效考评中，将目标有没有按期完成等作为"工作诚信"的一个重要考核指标。通过建立赏罚分明的诚信奖惩机制，将诚信理念根植于所有员工心中，要让所有员工深刻认识到，诚信和企业利益、自身利益息息相关。对于积极维护企业诚信，踏实肯干、努力创新、绩效突出的部门、员工要给予鼓励和褒奖，对于违背企业诚信原则而损害企业形象、声誉、利益的部门、员工，给予相应的惩罚。

创造诚信需求是培育和发展诚信建设的关键。培育员工的诚信需求要通过紧密联系每个人的利益来达成。

企业从内部打造企业诚信体系，要从每个员工抓起。从员工抓起，首先是从管理层抓起。每一位经理人都要对诚信的标准具有清晰的判断，要有承担责任的勇气和魄力。

正泰在内部推行工作例会、总结会、质询会、交流会、评审会等，把诚信体系建设作为常态化机制。通过这样的机制来总结每个人的工作是否做到位，工作是否按照要求如期完成，工作态度是否还需要提升，对待同事和领导是否诚实守信等。比如在填表格时是考虑以自我为中心还是以企业为出发点，在投票时是否带有某种感情色彩等等。

企业中的所有人无论是对自己还是对别人，心中都应该有一颗公心。每个人都要认识到自己对企业的公心会反映到工作当中，并最终成为自己或自己所在部门工作诚信的一个考核内容。每个人都应该认识到，只有在团队中营造出这样的诚信环境、诚信氛围，团队的业绩才能不断获得突破。

诚信环境和诚信氛围是企业诚信文化不断丰富和加强的基础。如何在广大员工之中营造诚信环境和诚信氛围呢？这就要靠信息的传播与传达。因此，企业要建设诚信管理的信息平台、信息载体，让有关诚信信息顺畅、高效的流转，推动相关政策的实施与落地，形成舆论监督和舆论引导，在这样的信息流转和舆论中形成和巩固企业的诚信文化氛围。要努力改变企业在发展过程中形成的信息闭塞或者信息孤岛等问题，通过信用信息平台的共享，按照日常管理、市场营销、后勤保障、表彰评优等建立诚信奖惩联动机制，逐步实现各部门、模块之间信息系统的对接，形成各部门、模块之间全方位的"立体化"的诚信监督管理机制。

企业内部还要探索、建立一套相互监督、多层次监督的诚信机制，在各部门间产生维护诚信的压力，加大构建诚信氛围的力度，通过这样的压力来保证企业各项政策的推动，保障对各个业务模块运行的监管，保障企业理念价值的引导等，最大程度地减少不诚信现象。

企业推行诚信行为文化，需要充分发挥党工团妇等部门的积极作用。通过广泛开展形式多样的精神文明建设，加强员工职业道德教育，增强全员诚信意识，使诚信变成员工自觉行为，贯穿于企业整个日常工作中，为企业发展打下坚实的思想文化方面的保障。

诚信建设要求每个人把诚信精神融入工作和生活中。每个员工不仅自己要在工作和生活中做到诚信，更重要的是还要敢于和不诚信的现象作斗争。企业要给诚信树立典型、旗帜和标杆，打造个人诚信品牌形象，让有诚信、敢于诚信的人得到充分的肯定，企业要给荣誉、给回报，对不诚信的行为进行整顿，让人人尊重诚信，这样诚信才会有市场。

具体来说，企业内部不诚信的行为或现象主要体现在以下几个方面。

（1）是非评判标准缺失，为人处事原则不够。碍于彼此的情面，不敢或者不愿直言。不是对事不对人而是对人不对事，不按客观标准去评判，而是根据个人感情色彩来看待、对待。

（2）自私心重，本位主义。在日常工作沟通、交流、合作的过程中，只知道站在自己的角度看问题，或者在制定方案、制度、流程时以自我为中心或者以所在部门为中心，全局观念淡薄，或者有所保留不愿意奉献，思想被"做多错多，少做少错，不做不错"束缚等。

（3）工作懈怠，应付抱怨。做工作不求尽心尽力、尽善尽美，而是为了应付任务，工作结果未达到理想或者不如人意时，不首先反思、查找自己的原因，而是找出一大堆客观的理由。

（4）喜欢攀比，嫉妒心强。不反思自己的工作成绩、工作成果到底怎么样，反去和别人攀比工资待遇、职务晋升、被领导赏识等，攀比的结果不仅丧失了工作动力，还产生了妒恨等消极情绪，影响工作的开展和团队的和谐。

（5）小肚鸡肠，心量不够。表现为报复心强，以公害私，排除异己，或者偏见歧视，背离公平公正的原则，自己触犯了相关制度，不知反思，反而觉得是人家挟私报复。

还有各种不够诚信的表现，这里不再一一列举，总而言之，要打造敬业务实、公平公正、团结拼搏、友爱互助的企业诚信文化氛围，就必须和不诚信的现象作斗争。

不讲诚信除了思想认识、利益关系上的问题，往往还与制度的缺陷有关。行为统一是实现企业目标的基石，是企业内部各项工作高效开展的重要保证。在企业内部，不诚信行为的产生往往是由于事前缺乏管控，或者对某项权利或责任界定不清，或者因制度执行的成本较高等。企业诚信制度的设计，对责权进行明确界定以后，还要通过协商，达成具体的、使牵涉到的各方损失最小或各方利益最大的约定，同时本着"以客户为中心"的原则加大对失信惩罚，促进企业内部每个部门、每个员工选择诚实守信。

制度经济学认为，制度能够有效简化人际关系，促进人们认识诚信，自觉地遵守规则，预防和化解矛盾，减少内耗，提高企业人力资源效率，减低人力资源管理成本。因此，通过制度的设计能够促进企业诚信文化的形成与加强。诚信应当在企业的生产、经营、宣传和销售等各项规章制度之中加以体现，形成一套企业上下行为的规范体系。当诚信成为每个员工的自觉行为时，企业诚信文化便会转化为企业效益。

## ▶ 企业内部诚信体系建设最终是为了对外诚信

企业结合生产、营销、配送、售后服务等实际工作，建设、推行诚信文化，提升所有员工的诚信意识，最终是为了向外部客户或者公众提供诚信服务，树立和展示诚信形象，打造和提升企业诚信品牌。

企业的诚信形象是一种无形资产。理论上来说，企业一切行为都会对自己的诚信形象产生影响，具体来说，企业对外的诚信形象塑造可以从以下几方面来推进。

1. 企业在金融、财务等方面的信用

企业在与金融机构、供应商、客户业务往来过程中是否能够严格履约，结清应付款项。

2. 产品与服务方面的信用

企业向客户提供的产品与服务的质量是否满足合同约定的质量。这里主要包括以下几点。

（1）不生产与销售假冒伪劣产品。

（2）严格按照规定的标准生产流程生产，控制好产品生产的每一个过程，才能控制产品质量，保障生产出来的产品符合预期。

正泰电气股份公司（正泰集团子公司，以下简称正泰电气）在 ISO 9000 质量管理体系的基础上，还作为国家 IEC 60300 可靠性管理体系推广的试点单位之一，努力提升正泰电气产品的可靠性。目前，正泰电气 IEC 60300 可靠性管理体系在国内同行业中正在被众多企业效法。

此外，在施工行业总承包方面，正泰电气在质量管理体系的基础上，又引进了 GB/T 50430 工程建设施工企业质量管理规范体系，使正泰电气的施工质量更加有了保证，同时也成为国内第一家引进 GB/T 50430 工程建设施工企业质量管理规范的企业。

现实中，不少企业在通过 ISO 9000 等质量体系论证后，在日常的生产过程中放松了对一些环节的控制，最后导致生产出来的产品不符合标准，影响了企业诚信形象。

（3）产品存储、装卸、运输时，要严格按照对应要求来操作。

（4）确保不销售过期产品。

（5）及时处理与调换残次品，按约定换、退货，保证客户对企业信誉的满意度。

（6）按合同约定及时提供足量的产品。

（7）按合同约定提供售后服务。

（8）服务态度满足客户的正常情感需求。

（9）不断提升服务响应速度。

3．营销宣传方面的信用

企业在产品销售过程中，对企业和产品的宣传需要注意以下几点。

（1）不做虚假宣传、夸大宣传。

（2）不做诱导、有损客户利益的销售。

4．企业对员工的信用会影响或转化为企业外部信用问题

企业对企业员工（也即内部客户）提供与企业承诺相符的工作条件、薪资待遇和晋升空间。主要包括以下几点。

（1）按时提供员工应得的薪资待遇。

（2）按约定为员工提供工作条件。

（3）按约定为员工提供培训机会、发展机会与晋升空间。

企业如果对内部员工都不讲信用，企业的诚信建设就成了空中楼阁，甚至会对企业造成严重的诚信危机事件。

5．企业公众形象对企业诚信形象有重要影响

企业或者企业领导人的公众行为，不应违背、脱离其特定的身份和责任。主要包括以下几点。

（1）具备危机公关意识，有一套能够及时、准确应对、妥善处理企业诚信危机的预置处理程序。

（2）具有环保意识，自觉保护环境，积极有效控制环境污染。

（3）企业的日常运营、生产行为不会影响、干扰周边居民的正常生活。

（4）积极参与公益活动。

（5）积极承担相应的社会责任。

# 第3章 绩效导向

## *1* 高要求出高绩效

现代管理学大师彼得·德鲁克认为,目标先于工作,先有目标才能确定每个人的工作,而不是先有工作,然后再确定目标。所以,企业的使命和任务,必须转化为目标。企业的一切工作都由企业的目标转化而来,企业的一切工作也要用目标来引领。

对于如何运用目标,德鲁克认为,"目标必须具体化为工作。而工作始终是具体的,始终有着清楚、明晰、可以衡量的结果,完成的期限,以及责任的具体分配。"可见,目标绩效来源于对企业经营目标的分解,是为实现战略任务而将企业经营目标逐级分解到每个部门及相关人员的一种指标设计方法。

目标管理是一个老生常谈的话题。因为这是企业内所有部门、所有员工时刻都要面对的一个问题。

目标管理中首先要解决的是如何确定目标。目标如何来定呢?这是目标管理中一个最基础、最关键的问题,又是最受关注和最容易引起争议的一个问题。

有人把目标的制定总结为几个原则，简称"SMART"原则：（1）Special：准确界定；（2）Measurable：可测量；（3）Attainable：可实现；（4）Relevant：相关性；（5）Timed：明确规定期限。

对"SMART"这几个原则还存在着一些不同的理解，主要的不同是"SMART"里面的"A"。有人认为"A"是Agreed，双方认可的，或Acceptable，可接受的。之所以有这些不同的理解，是因为这涉及目标管理的一个基本问题，即实现目标的难度。

从目标难度来说，目标可以是容易实现的，可以是比较难完成的，也可以是很难完成以及不可能完成的。

难度的确定是目标制定中最难把握的一个方面。

目标定得过高，看似可以促进业绩有更大的增长，但是实际操作中可能会由于完成的难度太大而挫伤士气。目标定得过低，则对激发团队的战斗力和潜力不利。现代的企业增长目标制定普遍采用"跳起来摘得到桃子"的策略。或者分成两个增长目标进行设计，一是踮起脚就能摘到，把这作为基础目标来保证企业的基础业绩和团队成就感，另一个是使劲跳起来才可以摘到，把这个目标作为绩效最大化的激励和引导。可能还有其他的目标制定方式，但是不管是哪一种方式，总目标确定后，就要层层分解、细化、落实下去，为企业各部门、所有员工制定相应的具体工作考核标准。

传统的目标制定方式，企业目标如何进行分解，以及分解得是否精准、合适，都会直接影响团队战斗力。

实际上，绩效目标制定时需要有充分的沟通，包括在目标进行下达时也需要相互沟通，如果有分歧，还要将信息及时向上反馈。那么，绩效目标的制定应该是一个"先制定后完善"的过程。同时，企业目标的制定和分解应该本着激发员工潜力为目标。因此，制定企业总目标、部门与个人绩效目标时，就出现了有别于传统目标制定的方式，即从流程上自下而上逐层把握，以达到优化绩效目标管理的目的。这种自下而上的方式要求企业目标的制定首先要在企业内部进行深入沟通，形成共识，最后确认。美国前总统肯尼迪曾说："所谓绩效管理，就是一种沟通，使人们提升自己以达到比自己强大很多的境界——而不是独裁者使用的工具。"

从以人为本的企业管理理念来说，员工成长是企业成长的根本，绩效目标的制定与管理不能偏离这一根本。所以，绩效目标的制定要更多地起到帮助团队了解自身能力，激发团队潜能，促进团队成长的作用。

不管是月度目标，还是年度目标，目前很多企业都是直接由董事会等企业高层决策、制定并向下分解的。虽然这样的目标制定也有同比、环比等依据，并不是凭空划出来的，但是这样的目标制定方式与下达仅仅是一个任务分解或下达的过程，对于下级来说是一种被动地接受，并不能体现和激发下级部门与员工的积极性、主动性和创造性。所以，在企业高层制定目标以后，还需要与下级部门进行沟通，在认识上达成一致。然而，要使企业上下一心，要使所有人认同企业的目标，要使所有人更精准、更有激情地按计划完成目标，最民主的方式是让员工自己、让部门自己制定自己的目标。这样汇集成为企业总的目标后，企业的目标就自然成了大家共同的目标，每一个员工的认同感会更强，会更有激情。

### 实际案例

方式一：

领导：小李，你5月份的目标是30万元，没有问题吧？

小李：感觉压力有点大……

领导：去年5月份完成了27万元，今年完成30万元应该可以的！

小李心想：去年和今年市场情况一样吗？

方式二：

领导：小李，5月份你想给自己的业绩定多少？

小李：24万元吧！

领导：去年5月份就做了27万，24万太低了吧？

小李：那尝试下28—32万元吧！

领导：好，就这样，需要什么支持随时跟我提。

上面两种情况，制定目标的方式依据都是按照去年同期业绩，但是在被引导的情况下员工自己给自己制定目标，会更有信心及责任心去完成目标。

美国心理学家洛克提出的目标设定理论提出，目标是引起行为的最直接的动机。管理学大师德鲁克认为，"目标不是命定，而是方向；不是命令，而是承诺。目标并不决定未来，而是为了创造未来而动员企业的资源和力量的手段。"

可见，目标的最佳制定者应该是要完成目标的每个员工或每个部门自己。企业要充分动员、发挥部门和员工自身的自觉性、能动性和积极性，让所有人自己给自己下目标，自己给自己定任务，自己给自己作出承诺，自己想方设法去挖掘自己的潜力。在主动制定目标、主动实现目标的过程中，可以有效培养员工的主人翁意识、创业精神。但前提条件是，企业需要给予部门、员工充分的信任和目标制定自主权，在制定和实现目标的过程中，给予鼓励和帮助，让员工在工作实践中不断成长，同时获得自信、尊严和快乐，使员工与企业心连心。

在实践过程中，为了更好地帮助员工进行绩效管理，需要随时保持与员工的沟通，及时了解、掌握员工完成目标的进展等情况，及时对员工进行必要的辅导与支持，帮助他们提高达成绩效目标的能力，使员工不断朝绩效目标前进；甚至在实施过程中，发现绩效目标有不合理的地方，必要时还可以对绩效目标进行修改。总而言之，所有绩效管理工作的最终目的应该是——把员工培养成为高绩效员工。

绩效目标，关键是要实施和执行；企业总目标完成得如何，最终要看企业里每个员工绩效目标完成得如何。所以，每个员工，都应该严格要求自己，给自己设定一个较高目标，努力成为一个高绩效的优秀员工，决不放松、懈怠。

研究表明，智力、性格、环境等因素并不是高绩效员工和普通员工的主要差异，能不能成为高绩效员工的一个关键差异是主动性，其他诸如学习能力、自我管理能力、团队协助能力等，从根本上来说，都是主动性的表现与延伸。因此，员工最需要培养的是主动性、积极性。

著名学者王国维在《人间词话》中这样说："古今之成大事业、大学问者，必经过三种之境界：'昨夜西风凋碧树，独上高楼，望尽天涯路。'此第一境也。'衣带渐宽终不悔，为伊消得人憔悴。'此第二境界也。'众里寻他千百度，蓦然回首，那人却在灯火阑珊处。'此第三境界也。"

王国维所说的三种境界可以认为是一个人追求梦想、实现梦想需要经历的三个阶段。成功从来都不是一件轻轻松松就能实现的事情，要实现自己的理想、抱负，就要经历各种磨炼。作为身在职场的企业员工，也同样如此。

### 实际案例

"青年人在正泰拥有无限的发展空间和舞台"。20世纪90年代初毕业于浙江大学的高总，最初只是一名普通技术员，几经历炼，成长为今天统领着数千名精英的技术总经理和最年轻的副总裁。生产采购部的总经理寿总，原来只有高中文化，推过板车，干过仓库保管和电工，在担任某产品公司总经理期间，带领着几百名员工创造了数亿元的产值，现在已经成为公司的核心骨干和行业内知名的专家。在正泰，不怕你想当官，就怕你当不了好官；不怕你有野心，就怕你没能力；不怕你锋芒毕露，就怕你藏愚守拙！多年来，从普通员工走上经理、总经理甚至副总裁岗位的正泰人有数百位。（节选自《正泰怎么留住员工》褚明鹤/文）

一般来说，企业员工在思想意识的提升上也会经历三个阶段。第一阶段会认为"事情是领导安排的"，工作和薪水只是等价交换，有很多不适应；第二阶段认为"事情是大伙的",开始被动地适应工作环境,还没有完全融入;第三阶段认为"事情是自己的",认识到自己是一切问题的根源,工作就是自己的事业,此时已完全融入了工作环境,能够体验到成就感。

在职场中,工作意识三个阶段的变化,其实就是主动性的提升过程。高绩效的优秀员工,都有很强的主动性,都对自己有较高的要求。这些员工能够看到自己工作的意义和价值所在,能够将个人的目标与部门目标、企业目标相连接;这些员工能够认同企业的文化理念,更愿意通过学习来提高自己的专业技能;这些员工能够融入团队,愿意和其他人合作。

人生短暂,每个人都应该珍惜有限的青春,努力实现梦想。事实上,只有通过拼搏而获得的成功才更精彩、才有成就感、才有意义。无论在什么岗位,都要主动出击,不断突破自我。要在工作中培养良好心态,要做工作的主人,而不是做工作的仆人;要用百分之一百的精力去解决问题,努力将手里工作做得更好,做得更多,做得更加富有创造性;要增强执行力,面对困难时要有必胜的信念,坚持到底,要对最初的目标和最终的结果负责,而不是随时准备当逃兵;要学会与领导、同事进行沟通,享受工作带来的乐趣,感悟工作带来的进步,而不是被动地接受,无奈地叹息和抱怨;要多角度看问题,敢于创新,乐于分享;要根据预定目标,做好目标管理,顺利完成工作任务。

在企业中,一切工作都要围绕绩效目标来开展。企业不是做慈善的,企业只有实现自己预定的绩效目标,才能不断地发展壮大。

对于企业,追求价值最大化是企业的生存之道;对于员工,追求价值最大化也是员工的生存之道。但归根结底,只有每个员工最大化发挥自己的潜能,实现了价值最大化,企业才能创造出最佳的业绩,实现企业的价值最大化。

每个员工都要对自己提出更高的要求,不断激发自身更大的潜能,要把客户的满意与认可与自己的"绩效"紧密联系起来,与企业的目标与愿景紧密联系起来。

"目标不是命定,而是方向;不是命令,而是承诺。目标并不决定未来,而是为了创造未来而动员企业的资源和力量的手段。"在实际工作和生活中,没有什么是一成不变的,未来难以预料,对于企业而言,面对激烈的竞争,能够做的只有把握当下,诚实地对待自己的客户,不断给自己提出更高要求,努力实现企业的价值最大化;同样的,对于员工而言,面对激烈的竞争,能够做的也只有把握当下,诚实地对待自己的工作,不断给自己提出更高要求,努力实现个人的价值最大化。

## 2 团队精神是保证

《淮南子·兵略训》:"千人同心,则得千人之力;万人异心,则无一人之用。"

正泰人认为,高绩效员工是在高绩效团队中诞生的,而高绩效团队是团队建设和团队精神的产物。

团队精神是团队成员为了共同的目标而拼搏奋斗、为了成就大我而牺牲小我的精神,团队精神是大局意识和协作精神的集中体现,是一个组织凝聚力、向心力、号召力、战斗力和竞争力的集中体现。

"一个篱笆三个桩,一个好汉三个帮"。团队精神是企业不断走向成功的重要保障,企业上下只有心往一处想、智往一处谋、劲往一处使,才能形成合力,产生效力。一个人如果没有团队精神,将陷入失道寡助的局面,难以成大事;一个企业如果没有团队精神,将会产生内耗,成为一盘散沙,难以发挥整体效能。

随着社会分工越来越细,团队精神建设对于企业的发展正在显示出越来越重要的意义。作为一种价值观、信念和行为准则,团队精神可以直接反映出一家企业文化建设的成果和魅力。

团队精神的最大作用就在于它能激发团队成员的事业心和责任感,从而提升整个团队的战斗力,实现"1+1>2"的效应,使企业在激烈的市场竞争中源源不断地获得强大的动力支持。因此，打造富有大局意识和协助精神的高绩效团队，是企业经营管理的重要目标之一。

  2007年初，在部门会议中，领导提出每个过程检验员要牵头组建1个QC小组。配电电器制造一部生产管理员叶挺英迅速行动，收集自己所负责NM1出口产品的所有问题，经组员们讨论分析，后来确定课题为"提高NM1出口产品的包装合格率"，小组名称为"微笑QC"小组。此课题在质量管理部相关专家的精心指导下，以解决实际问题为原则，结合工作现状对改进产品包装问题进行了一次次的讨论，制定了行之有效的措施并验证成功。2008年3月，她们小组在公司的发表、评审中获得一等奖，并被推荐到全国机械工业第27次质量管理小组代表会上进行发表。最终，"微笑QC"小组荣获2008年度全国机械工业优秀质量管理小组活动成果一等奖，为正泰争得了荣誉。（节选自《正泰报》卢银辉文）

要打造一支高绩效团队，需要具备五个基础条件：

第一，要有一个共同的团队目标或愿景。

有几个问题需要思考，如团队的愿景和重点工作是什么？如何与每个队员的工作结合起来并且加以明确……

第二，要明确团队的基本结构、制度，以及领导者的责权问题。

制度是打造高绩效团队的前提，纪律是打造高绩效团队的保障，只有纪律严明、团队行为规范、统一，才能够打造出一支战无不胜的团队。

第三，设立高绩效的标准与相应的激励机制。

制定较高的绩效目标不能只是一种期望，而是应该作为一种考核；绩效标准要把团队的目标和员工的目标结合起来，设立符合实际的激励机制，避免队员产生消极态度。设立高绩效的标准与相应的激励机制是高绩效团队建设的必要手段。

第四，关心团队成员的成长。

及时表扬员工的进步，及时指出不足；辅导员工提升相关技能；从帮助员工发展、为企业培养人才的角度出发，帮助员工进行职业规划，帮助员工与企业共同成长，分享企业的发展成果等。

第五，建立有效的沟通机制。

沟通是合作的基础，不良的沟通不利于在团队内部建立融洽和谐互信关系，不利于激发内部的潜能。要营造良好的沟通氛围，打造一个良好的沟通交流平台。真正从启发队员、提高士气的角度出发，帮助队员提高认识，形成共识、达成一致，为团队下一步工作协同、协作提供基础保证。良好的沟通氛围，有利于在内部产生互相学习、相互支持、积极分享的团结友爱行为，有利于培养队员自觉维护团队荣誉、自愿将自己的聪明才智贡献给团队的主人翁意识。

### 实际案例

正泰强调"沟通是最有力的武器"，对于员工，正泰设置合理化建议奖，积极鼓励基层员工参与公司管理；每年都进行员工满意度调查，建立一个与员工沟通和对话的平台；在员工的每一发展阶段，上级会及时给予下级必要的指导和帮助，主动进行工作交流和沟通。（节选自《正泰怎么留住员工》褚明鹤/文）

这里不得不提的是，团队精神有几个常见的误区。

误区一，团队利益至上。

"团队利益至上"这种说法是不够严谨的，因为信奉"团队利益至上"易滋生本位主义，因局部小利而忽略、无视，甚至伤害整体的大利。

误区二，团队内部一家亲。

过于追求团队的人情味，喜欢做老好人，会导致政策执行不力，赏罚不明，进而影响到团队的战斗力。

误区三，"小我"与"大我"。

团队精神的核心在于协同合作，形成合力，发挥整体优势，但在这个过程中容易导致有创新力、创造力的个性的埋没。

团队精神的最高目标是充分发挥和汇集所有人的潜能，打造高绩效团队，而不是要在团队管理中实现形式上的统一，消灭有创造力的个性。

团队精神建设的最佳局面是形成"团结、紧张、严肃、活泼"的氛围，既要有爱，又要有序，既要和谐，又要创造。

要打造一支高绩效团队，除了需要具备上述五个基础条件，构建团队精神还有一个重要的条件——团队中要有一个优秀的领导人物。

如果把五个手指头比喻为团队里的队员，那么团队领导就是把五根手指聚拢起来的那根筋。在团队建设中，领导的责任就是要把队员们团结起来拧在一起，统一思想、统一行动，充分发挥团队的整体效能。

拿破仑说，"一只狮子带领的一群绵羊能够打败一只绵羊带领的一群狮子。"中国民间有"兵熊熊一个，将熊熊一窝"的说法，都在强调团队领导者或领导班子的重要性。在一个团队中，领导问题往往是决定团队事业成败的关键因素之一。

作为高绩效团队的领导，需要做到以下几点。

首先要以身作则，自觉维护企业的规章制度，约束自己的言行。

榜样的力量是无穷的。领导作为团队的核心人物，是众人目光聚集的所在，所以领导要为团队成员作出榜样。领导的一言一行都可能会对团队中的其他成员产生或好或坏的影响；在遵守和维护管理制度的同时，要"爱你的员工"，在工作上提高成员工作积极性，在情感上关心团队成员的幸福指数。

> **实际案例**
>
> 正泰电器（正泰集团子公司）配电电器制造一部生产管理员叶挺英，刚开始从事生产管理工作时，没有任何经验，每天基本上不能按时下班，在工作中需要花很大力气去协调各部门间的工作问题，工作量大且烦琐。特别是在应对新模具制作这项工作时，工作压力非常大，她曾一度有了退却的想法。但是她的直属领导，甚至是老总都给了她很大的鼓励和支持，最终她还是坚守住了岗位，顺利完成了各项工作任务。

其次，要用一颗公心地去对待成员。做好过程管理，支持并帮助成员提高工作效率；奖惩要公正并及时兑现。

作为团队领导人，要不断提升自己的领导能力。

"强将手下无弱兵""将帅无能，累死三军"。在一个团队中，领导者个人领导能力的高低很大程度上决定团队精神、团队战斗力的强弱。具有超凡领导能力的领导有较强的决策和协调能力，能够顺利、高效地完成任务，能够在团队内形成一种向心力和号召力，发挥出团队优势。

在带团队过程中，领导者要虚怀若谷、善于学习、善于倾听，做事时雷厉风行，议事时不独断专行，不搞唯我独尊，不搞一言堂。要敢于承担责任，同时又要有奉献精神。在发生问题时，不要把责任推卸给团队成员，在取得成绩时，不争抢别人的功劳，积极举荐让贤。鼓励团队内部进行业务能力竞争与评比，并防止恶性竞争。帮助队员找到提高业务能力与工作效率的方法，帮助团队成员形成劳逸结合的好习惯。对有能力的骨干成员给予充分的信任和正面激励，大胆授权，鼓励他们去成长、去创新、去创造；要包容失败，允许犯错。

团队精神能够形成强大的战斗力，而团队精神的建设需要每个人的共同努力。就个人而言，如何才能更好地融入团队，与团队成员加强协作和配合，在团队发展中实现个人发展呢？

一般来说，一个员工进入团队大致需要经过三个时期。

首先是磨合期。包括在工作中熟悉工作要求和工作环境，以及成员之间相互了解，逐步达成共识，建立信赖关系。

其次是正常工作期。成员确认自己在团队中的角色，与其他人缩小了差异。

最后是高效工作期。与其他成员互相关心、分享、支持，形成了团队合力，能够圆满地完成目标。

在这三个时期，员工需要从以下几个方面来培养和树立自己的团队精神。

（1）价值认同。要学习企业价值观、经营理念等有关企业文化的知识；要看到自己工作的价值，并把自己的工作与团队的目标联系起来。

（2）积极主动。不断提高工作执行力，有问题主动思考并咨询，有想法积极沟通交流。

（3）虚心学习。避免个人主义，不要只看见自己好，看别人都不如意。

（4）服从领导。与领导达成共识，服从安排，统一行动，勇于承担责任。

（5）团结同事。一个人的力量再大也只能干一个人的事情，所以要经常提醒自己要有团队协作意识，有问题，有矛盾，要经常自我反思；要坦诚互信，乐于沟通，善于沟通。

（6）目标管理。提高自我管理能力，根据目标，设定工作计划，抓住工作重点，合理安排工作时间，保证工作进度，不拖团队后腿。

"上君者，用人之智；中君者，用人之能；下君者，用己之力。"团队精神的核心是"人"，要在企业中把大家的力量凝聚起来，就要从每一个人的角度来着手打造团队精神，提升整体效能。

# 3 让奋斗者站上来

"奋斗者"一词近年来被人们提得较多。什么叫"奋斗者"？

正泰认为，"奋斗者"是具有创业精神和团队精神，能够有效为客户创造价值的员工；"奋斗者"与绩效密切相关。

具体来说，正泰认为"奋斗者"具有下面几个主要特征。

（1）具有艰苦奋斗的创业精神。

"奋斗者"有理想、有信念、积极主动，勇于付出。

（2）具有乐于分享的团队精神。

不搞本位主义，勇于担责，能够从大局角度思考问题和解决问题。

（3）业务能力较强，业绩表现良好。

"奋斗者"在岗位上应具有较强的业务能力，能够有效为客户创造价值。

（4）坚持学习，不断突破。

曾经是"奋斗者"，现在不一定是"奋斗者"。所以，"奋斗者"的定义是动态变化的，"奋斗者"要不断用高标准严格要求自己，不断突破自我。

多年以来，正泰始终坚持以人为本、价值分享文化不动摇，坚持尊重人才、为员工谋福利的负责任态度与互利共赢理念，坚持建设高绩效团队作为企业发展核心支撑的经营哲学，不断构筑创业创新的创业文化。可以说，正泰的企业文化一直都是一种注重绩效的文化。

正泰在企业经营管理中积极打造高绩效团队，积极构建注重绩效的企业文化,最重要的手段和体现就是不断发现、培养和激励具有奋斗精神的员工,使他们充分发挥潜能,在更大的舞台上创造更大的价值,助推企业发展。

目前,一些企业对于人才的使用、激励和选拔存在着诸多弊端,如员工成长空间不足、激励制度不完善等,都在一定程度上阻碍了企业的发展。正泰认为,如果企业要想鼓励"奋斗者"把工作当作事业,把企业当作家,鼓励他们长期为企业努力拼搏,就要充分尊重"奋斗者",要使他们能够脱颖而出,成为企业里的标兵、榜样和领头羊。而要做到这些,企业除了需要在经营理念上给予足够重视,还需要在制度上给予保障。从制度设计的角度来说,就是重在发现,重在培养。具体来说,"让奋斗者站上来",企业需要进行两大方面的思考。

### ▶ 文化引导与培养政策

包括:清晰告知企业愿景与目标;构建的企业价值体系与宣贯体系;弘扬创业精神与团队精神等理念;构建企业文化氛围和考核体系。

第一,梳理企业价值观,树立追求高绩效的经营理念。

企业价值观和经营理念是企业一切工作总的思想方向指引,企业要打造以追求高绩效为核心的企业文化引导体系。

第二,完善招聘和选拔体系。

完善人才招聘和人员选拔体系,通过科学的招聘程序确保企业能够招纳到优秀人才,并且确保在流程上能够让优秀的人才脱颖而出。

第三,确立清晰、合理的目标。

目标设置得是否合理,决定了员工的工作主动性与积极性是受到鼓舞还是被挫伤。一般来说,员工因为各种原因对目标缺乏认同,业绩会降低或者很差,所以,要避免业绩要求过高或目标分配不均衡的现象。另外,还要使员工清楚知道怎么做才能实现高绩效。

第四，予以相应的授权。

通过授权，让员工开展工作，比如创新、改进等方面有更多的自主性和发挥空间；通过授权，能够建立起组织信任关系等等。

第五，弱化过程导向，强化结果导向。

建立以事实结果论，拿数字说事，以结果开道的企业经营管理体系。

第六，打造开放式的沟通体系。

在企业内，塑造通畅沟通的文化氛围，将通畅的沟通贯穿于绩效考核始终，使员工能够充分表达想法、提供建议，提高员工满意度，使员工有做主人翁的体验。无缝的沟通能够排除组织内部隔阂，促进团队内部形成相互信任，互相支持的关系，全心全意为预定目标而努力。

第七，常态化的宣传与培训。

利用企业内刊、网站、讲座等形式，进行长期的、有效的宣传与培训，逐渐加深员工对企业文化的认识，提高员工的业务能力。

说到底，企业之间的竞争，很重要的表现是管理的竞争，而企业管理思想以及管理制度都是文化的产物。企业必须将企业文化与绩效管理相互融合，才能打造出一支高绩效团队。

### ▶ 考核机制与激励机制

构建高效、精准的人才选拔机制，在人才队伍里有效地识别出"奋斗者"，给"奋斗者"以相应的激励，使"奋斗者"脱颖而出。

坚持以"奋斗者为本"的激励导向，全面构建薪资、奖金、股权、荣誉、晋升等物质与精神激励体系，给"奋斗者"以归属感、幸福感和成就感，使之与企业形成命运共同体，不断激发"奋斗者"的潜能，使之发挥更大的作用，创造更高的业绩。

这里有几个方面需要重点注意。

第一，领导以身作则，带头执行。

企业目标、指标是层层分解的。绩效考核应该由上而下开展。只针对中层干部和普通员工的考核，不利于形成以"奋斗者"为导向的绩效激励文化。绩效目标完成得怎么样，关键在于主管领导，工作开展中的每一个阶段都要主管领导亲自参与或者把握。因此绩效考核需要主管领导以身作则。否则，绩效管理就会与企业管理、计划管理脱节。

第二，构建有效的考核与激励机制。

对目标完成与否进行考核，要坚持以结果为导向，排除成见、情绪等人为因素的影响，尽可能把工作与人情区分开来，以杜绝"企业政治"与"好好先生"现象。另外，要避免激励设置不合理的问题，尽可能避免干多干少差异不明显的现象。同时，在以结果为导向的基础上来考核员工的业绩，还要对员工的工作能力和工作态度进行综合考量，来鉴别、激励和培养"奋斗者"。要给"奋斗者"以足够的激励，避免出现激励不足的现象。

### 实际案例

正泰深知"财散才聚，财聚才散"的辩证思维。因此薪酬制度以岗位年薪为基准，通过技能薪酬制度平衡专业技术队伍的岗位差异。同时以绩效薪酬平衡经营管理队伍的贡献差异，在薪酬分配中重实绩、重贡献，向关键岗位和技能突出的人才倾斜。构建以经营业绩为核心的多元分配体系。

正泰的奖罚可谓严明，奖就奖他个心花怒放。"让更多的员工成为百万富翁乃至千万富翁"的口号落实在具体的行动上，正泰每年拿出超额利润的10％奖励管理人员，拿出新产品一次性直接经济效益的5％～10％奖励技术人员。2001年，一位派驻控股公司的总经理，因其出色的工作业绩，领走一百多万元的绩效奖金。2002年，正泰的增长远远超过了目标，又一批百万富翁诞生了，2003年，2004年，2005年……不断有新的百万富翁在正泰诞生。

罚就罚他个心惊肉跳。正泰规定：完不成当年经营绩效指标的，按照与目标差距的百分比扣减相关人员的绩效奖金，直至为零。同样，对于未能按要求完成的技术项目，按照差距大小扣减相应的项目奖金，直至为零。这里面有一个细节问题，就是惩罚仅仅是针对绩效奖金部分而言，不会对基于岗位和技能的年薪造成影响，尊重人才的基本价值，这种人格上的尊重和制度上的保证也充分体现了"以人为本，关爱员工"的精神。（节选自《正泰怎么留住员工》褚明鹤/文）

要引导、组织员工开展自我批评和团队学习。通过自我批评，使员工正确认识自我，不断完善自我；通过团队学习，使员工在团队中学习、提高；通过集思广益、群策群力，使问题得到解决。要实行令人信服的干部选拔、管理机制，充分调动"奋斗者"的积极性，使他们在更大的舞台上，承担更大的责任，发挥更大的作用。

第三，奖惩要及时兑现。

不能担心员工是否能够承受起惩罚的结果等而有所顾忌、忌惮，将考核放在一边，杜绝"事不关己，高高挂起"，以及法不责众，"刑不上大夫"等做法。

第四，建立淘汰机制。

对于未达到目标或绩效考核不达标的员工予以降级或淘汰。

企业要构建"以客户为中心"的企业文化，鼓励创业创新精神，进行团队精神建设，最终都要落到如何发现和培养"奋斗者"的问题上。要让"奋斗者"站上来，说起来容易，落地很难，因为真正要让"奋斗者"站上来，会触及到相关利益方的情感和利益。对此，企业管理层要有全局意识，要能够看清楚短期利益和长期利益，真正在思想上认识，在行动上践行以"奋斗者"为导向的价值评价、价值分配体系，最大限度减少"多做多错、不做不错"的现象。

"奋斗者"是企业的中坚力量，是企业真正的财富，是企业能够快速发展、持续发展的希望所寄，企业要通过企业文化建设、完善绩效考核机制等来推动变革，不断发现与培养出更多的"奋斗者"，以保证企业的发展处于良性循环状态。

# 第4章 合作共赢

## 1 与客户和市场的关系

管理学大师彼得·德鲁克提出,企业存在的理由是创造客户,客户原本不存在,是企业和企业家通过对市场与客户需求的洞察,做出产品和服务,而创造了市场和客户。可见,企业与客户和市场的关系是一种相互依存的关系。一方面,客户从企业提供的产品或服务中获得满足,另一方面,客户是企业利润的来源。在这样的关系中包含着一种动态平衡的买卖双方的对称关系,即供不应求时是卖方市场,供大于求时是买方市场。目前,中国经济正处于去产能、转型升级的过程中,处于买方市场。但是,不管是买方市场还是卖方市场,不管市场怎么变化,企业要想持续稳健发展,就需要始终把客户和市场放在首位,需要坚持不懈地把处理好与客户、与市场的关系放在首位。

一般来说,企业与客户的关系分为以下几种。

(1)潜在的客户关系。

所谓潜在客户,就是指对企业产品或服务存在需求,具有购买能力但还没有选择实际购买的个人或组织。

美国汽车销售大王乔吉拉德认为,平均每个人周围有250个熟人,如果一位客户受到伤害,那很可能就会失去潜在的250位客户。潜在客户能够转化为现实客户、新客户,把潜在客户转化为现实客户是企业营销工作的重要内容,而不是把现实客户转化为潜在客户。所以,企业的营销工作就是要维护好现实客户,同时发掘与开发潜在客户。

(2)简单的买卖关系。

企业与客户之间的这种关系是一种低层次的买卖关系,彼此之间的维系度比较低,发生变动的可能性比较大。

(3)长期的供应关系。

企业与客户的这种关系比较紧密,企业已经成为客户的优先选择。企业如果要持续稳健向前发展就需要不断与客户建立这种供应关系。对于客户来说,这也是一种长期共赢的关系,因为频繁更换供应商会付出更多的沟通成本、维护成本,以及可能会面临产品服务质量差、响应速度不能保障等危险。从客户的角度来说,与供应商建立起更为紧密的关系,也是很有必要的。

(4)战略合作关系。

企业与客户之间通过战略合作等强强联合方式进行合作,以达到壮大自身实力、取得更多利润等目的。

2017年5月,浙江省能源集团与正泰集团签署战略合作框架协议。

本着"平等自愿、互惠互利、共同发展"的原则,双方将重点聚焦能源领域,联合投资开发以光伏为主的可再生能源项目,重组正泰在宁夏、甘肃等区域的光伏电站存量资源。建设光伏电站远程智能运维监控中心,探讨组建检测与诊断实验室,加强微网运行、远程控制等系统集成和技术研发。探讨合作开拓工业园区综合能源供应市场,结合光伏等可再生能源发电以及大容量储能技术,切入用户侧配网投资经营,形成"电—气—冷/热—储"协同控制的智慧能源系统。联合布局"新电改",整合双方在发电端、配电端、用电端资源,探讨共同参与配网投资,或设立合资售电公司。

关系,意味着一种相互性。当客户与企业交换信息不断加强和深入,双方的关系也在不断深化。这个互动过程对企业和客户都是有益的。

企业与客户的关系源于互动,互动付出的是金钱成本和人力成本,而换来的是信任。企业与客户之间的各种关系正是建立在这种信任不断加强的基础上。

要获得客户的信任,建立起与客户的合作关系,企业要在互动中重点做到以下几点。

(1) 使客户知晓双方长期、稳定、深入合作的好处。

客户与企业的关系不应该是一种短期行为,客户与企业建立长期的合作关系,能够有效缩短采购周期,降低采购成本,提高采购质量,优先得到采购物等。

对于企业,与客户进行长期合作,企业可以得到稳定的营业收入。长期合作的客户因为拿货成本低,他们会推荐给企业的潜在客户,给企业带来新客户。甚至长期客户还能在资金周转方面给企业带来帮助。

无论是对于企业还是对于客户,短期行为都会带来资源和成本的浪费,不利于双方的发展。

(2) 积极与客户进行沟通,防止出现片面、肤浅,甚至是误解的问题。

及时向客户或者潜在客户反映企业最新信息,传达企业内部经营管理等信息变化,如新产品问世、产品价格变动等信息,有利于客户随时了解企业情况,方便有关工作的跟进与开展。

（3）收集客户对产品或服务的意见、建议等反馈信息。

收集客户对企业产品、服务及其他方面的意见、建议，能够帮助企业各项工作的改进。创造条件使客户能够及时、准确地向企业反馈市场最新动向，帮助企业改进、完善产品或服务，为企业的生产、研发和决策等提供帮助。

（4）加强对客户或潜在客户的了解。

了解客户的机遇和挑战，了解客户的思想理念和价值观，了解客户的长短期目标、主要工作、利润率、现金流量、价格等，有利于挖掘客户的真正需求，有利于帮助客户提高竞争力。企业只有详细地收集客户资料，建立完备的客户档案，进行有效跟进管理才能确保及时地满足客户的需求。

（5）优化客户关系。

通过定期拜访、邀请参会、邀请参观、组织讲座等方式增进、优化与客户的关系。

（6）企业形象能够有效提升企业在客户心目中的地位。

企业形象是企业整体活动的结果和体现。企业形象建设是一个以产品品质为基础的体系化的建设。在市场竞争日趋激烈的时代，客户掌握着市场的话语权。因此，只有把客户的利益放在第一位，才能树立良好的企业形象，从而赢得客户的信任，赢得市场。

企业在对待、处理与客户和市场的关系时，有几个方面需要注意。

（1）辩证地理解"客户是上帝"。

企业是实现利润适量化的经济组织，企业实现利润适量化的途径是满足客户，成就客户，帮助客户成功。企业的一切工作中心是满足客户，成就客户，帮助客户成功，而不是以利润为中心追求利润的最大化，也不是要求企业无偿奉献，企业是在帮助客户的过程中成就自身。所以，企业的工作是以满足客户需求为中心,在双方诚信的基础上建立双赢的关系。在这种关系中,客户不是"上帝",因为企业并不是完全被动的,而是一种相互信任的、平等的合作关系。

(2) 不要一视同仁对待客户。

针对大客户和重点市场制定出相应的价格政策,甚至提供不一样的服务。有区别地对待不同的客户,是一种规模效应的必然结果。

(3) 与重点客户建设战略合作伙伴关系。

要重视与某些重点客户的关系,积极构建各种形式的战略伙伴关系,通过加强双方沟通与强强联合,解决企业自身不足的问题,实现双赢。

(4) 注重帮助小客户发展。

积极帮助小客户成长,在研发设计、货物配送、售后服务、企业顾问等方面给予支持。

(5) 摆脱对"市场""品牌"的错误理解和认识。

不少企业认为客户和市场最爱的是低价,于是反复打价格战。还有企业认为企业营销就是销售为王,品牌至上,而忽视产品研发创新,在对市场不够了解,自身产品不过硬的情况下,就一窝蜂挤向市场,大肆进行品牌宣传,四处打广告,结果往往是既扰乱了市场秩序,又损人不利己。

(6) 企业要引导消费,创造市场。

企业要作客户的消费顾问、产品专家,要站在消费顾问的角度去真正了解客户,真正洞察客户需要什么,对客户给予指导,提供解决方案,引导和创造消费需求。

> **实际案例**
>
> 2016年，正泰集团董事长南存辉接受人民日报、新华社等媒体采访，特地举了一个例子："每年春节前后的一个月，因为大家都要回家过年，公司基本处于不生产的状态。以往我们的经验是，年底的时候拼命生产，把库存塞满备用。但去年公司下令不能压库存了，统统清掉，主动去库存，去产能。为什么？我们的正泰昆仑系列新产品要上市发力了。400多名核心研发人员参与新产品研发，累计申请了360余项专利，共进行了7860项可靠性测试，实现了产品技术创新和将来全面智能制造的适应性，保证了产品的高可靠性和安全性。"
>
> "这个过程很痛，革自己的命很痛，但是必须要这样做。"南存辉表示，正泰对革新下了很大的决心，"是一次颠覆式、创造需求、引领消费的进化过程。"

（7）所谓的客户忠诚度是建立在满意度基础上的。

不要让企业市场营销行为走向极端，要生产好产品，提供好服务，用真诚打动客户，满足客户。

（8）要冷静对待客户的意见或者建议。

在不冷落客户的前提下，能够冷静对待客户的建议或者意见，还要学会对客户说"NO"。合理的建议或者意见，要真心诚意地接受，对于不合理的意见或者是完全错误的、具有误导性的意见，予以合理的答复。

## 2 与行业竞争者的关系

资源是有限的，世界上的每一个个体、每一个组织都时时刻刻处于竞争之中，在市场经济条件下，企业从各自的利益出发而彼此竞争，都是出于对资源的争夺。市场通过竞争，实现优胜劣汰，进而实现生产要素的优化配置。

从宏观角度来说，竞争是有益的。竞争对市场经济的运行和发展具有重要作用，具体表现为：使商品的个别价值转化为社会价值，实现价值规律的要求和作用；促使生产者改进技术、改善经营管理，提高劳动生产率；促使生产者根据市场需求组织和安排生产，使生产与需求相适应。

从微观或局部角度来说，市场竞争具有排他性、进攻性。任何竞争，都不外是两种竞争模式：良性竞争和恶性竞争。

什么是良性竞争？就是参与竞争的个体都共同遵守一套竞争规则。在竞争的过程中，竞争的目的是为了在对资源的争夺中优化自我，是为了优化和壮大自身的实力，而不是为了消灭或者毁灭对手。

什么是恶性竞争？就是参与竞争的个体不遵守，或者无法遵守本应遵守的一套竞争规则。竞争的目的不是为了在争夺中优化自我，不是为了优化和壮大自身的实力，而是为了消灭或者毁灭对手。

不同的竞争模式，会表现出不同的竞争性行为，会产生不同的竞争结果。

一般来说，竞争的结果有三种：一输一赢（即所谓的"零和"）、双赢和双输。

正常情况下，良性、有序的竞争，会产生双赢或者"零和"的结果，而不会产生双输的结果；恶性、无序的竞争，最可能的结果是双输，而不会产生"零和"的结果，更不太可能产生双赢的结果。

一个负责任的企业，会有一个正确的市场竞争观，一定会是良性、有序的市场竞争的维护者。而一个不负责任的企业，则不会有正确的市场竞争观，一定是良性、有序的市场竞争的破坏者，往往会干出混淆市场、以虚假宣传引人误解、侵犯商业秘密、低价倾销、商业毁谤等破坏市场环境、破坏行业发展等损人利己甚至是损人不利己的行为。

正泰认为，一个企业在走向成功的道路上，经营能力、资源、条件等固然很重要，但最重要的还在于企业的价值观、竞争观。所以，不管出于什么样的目的，企业都要有一个正确的价值观、市场竞争观，不管出于什么样的目的，都要做良性市场竞争的维护者，而不能做良性市场竞争的破坏者。

"良性的市场竞争不是你死我活，而是共同发展。不是大鱼吃小鱼，而是大企带小企。"南存辉如是说。

孟子曰："得道者多助，失道者寡助。寡助之至，亲戚畔之；多助之至，天下顺之。"对于企业来说，什么样的企业是"得道者"？就是那些顺应市场规律，有正确的竞争理念并且在实际行动中遵守、维护这些理念而能够"得人心"的企业；什么样的企业是"失道者"？就是那些不顾市场规律，没有正确的竞争理念或者在实际行动中不能遵守、不能维护这些理念而"不得人心"的企业。

什么是正确的竞争观？一言蔽之，就是在竞争中获得胜过竞争对手的学习能力并提升自己。

这句话包含三层意思，第一：肯定竞争的作用，积极面对竞争；第二，竞争的目的为了获得比竞争对手更强的学习能力；第三，竞争的结果是提升了自己。

只有树立正确的竞争理念，企业的经营管理才能够端正，才能不走偏。一方面要学习市场、学习竞争对手；另外一方面要加强自身的建设，积极帮助行业环境、市场环境建设和维护。

具体地可以从以下几方面来加强。

第一，积极构建学习型组织，保持企业的生机与活力。

什么是学习型组织？学习型组织这个词提得很多，但实际上学习型组织这个词常常被人误解——或以为学习型组织就是重视学习的组织，或以为打造学习型组织是一场组织团队学习的运动或活动，或以为打造学习型组织就是为了更好地获取新知识、新信息。

事实上，学习型组织的真正含义应该是——面对环境变化，能够快速适应，保持高速成长的组织。打造学习型组织就是要打造一种科学的管理方式，有效地应对环境的最新变化，引领潮流而不是被潮流淘汰。构建学习型组织不仅涉及知识、信息的获取，还涉及价值理念、组织结构、工作机制等系统性的建设与优化。

一般来说，每个企业都有一个生命周期，都会经历一个起步、加速成长、发展速度逐渐变慢的过程，打造学习型组织就是要直面企业的问题和危机，就是要提高企业把握机遇、应对风险的能力，就是要延长企业的生命周期。

构建学习型组织的实施途径就是通过对企业经营理念、工作流程等系统性的建设与优化给员工的创造性活动提供足够的自由，在企业内部实现信息的高效共享，打破阻碍企业发展的内部隔阂，激发团队的学习和创新的热情与活力。从而有效地适应市场的变化，在竞争中不断实现组织升级，实现企业持续发展。

第二，企业要呼唤竞争，珍惜竞争，善待竞争。

竞争是市场经济的基本形态。竞争能够有效推动企业不断向前发展。从客户的角度来说，客户也是需要有选择权的，即客户可以是一个企业的现实客户，也可以是另一个企业的现实客户或潜在客户，客户可以是企业一个品牌的现实客户，也可以是另一个品牌的现实客户或潜在客户。作为企业，要正确看待市场竞争，要正确看待竞争对手对客户资源的争夺，要正确处理与竞争对手的关系，这才有利于助推企业自身的发展。

正泰集团董事长南存辉曾经接受记者采访，说过这样一段话："原来我们生产的产品供不应求，客户来我们这里拉料，我们的潜意识里就有'我的产品你不要总会有人要，爱拉不拉'的思想作怪，属于卖方市场。现在随着市场上同类产品的普遍增多，大家在产品价格上竞争，在产品质量上竞争，谁家的产品质优价廉谁的客户就多，变成了买方市场。这个时候如果我们还是抱着过去的老思想、旧习惯对待产品、对待客户，那我们企业的有效发展道路就会越走越窄，发展蓝图就会像'空中楼阁'——遥不可及。"

可见，对手不只是对手，从某种意义上，企业只有在与竞争对手的接触和较量中，才能够快速获得经验、教训，才能不断找出自己的不足并及时加以改进。

"独木难成林"，竞争对手的存在能够产生"集聚效应"，如同众多小吃店形成小吃一条街，形成有效开发、推动市场需求，共同分担市场的开发成本和风险。所以，竞争对手除了是对手，同时还是促使企业快速成长、成熟、成功的帮手和良师益友。所以，企业不应该期望那种没有竞争的唯我独尊、一家独大的局面。

对于企业来说，没有永远的朋友，也没有永远的敌人，企业要同所有同行保持良性竞争，尊重竞争，尊重竞争对手。企业要做的就是在竞争中不断向对手学习、向市场学习，不断取长补短，完善自己，在相互促进、友谊竞赛中获得胜利。

**实际案例**

正泰汽车科技有限公司（正泰集团子公司）的汽车继电器和喇叭销售曾落后于江苏、广东等地的同业销售。其领导者并不是通过与对手竞争来取胜，而是研究对手的汽车继电器和喇叭，发现其优点，并将这些优点收集起来，对自己的汽车继电器和喇叭进行改进。当新款产品出来时，正泰汽车科技有限公司很自豪地向客户介绍，他们的产品已经拥有比国内竞争者所生产的产品更佳的性能。

第三，企业要积极参与行业竞争环境、市场竞争环境的建设和维护。

竞争本身是一件好事，但需要注意避免过分的竞争。尤其是在同行业中起重要作用的大企业，更应该承担起帮助建设和维护良好有序的市场竞争环境的责任和义务，大企业要为产业内的同行树立榜样。

面对竞争对手，企业一般可以有三种交流模式。

（1）将其视为敌人，完全设防，不与其交流。

(2) 将其视为亲人，完全不设防，与他们无所不谈。

(3) 将其视为亦敌亦友的"同行"，有礼有节进行交流，彼此促进。

很显然，第（1）种和第（2）种都是极端的做法，是不可取的。因为企业都有自己不宜外泄的商业机密，很难做到无所不谈。而将对手视为敌人，完全不与对手交流的做法，也是极端保守的做法，不利于企业的长期稳健发展。

对于大企业，要有开放包容的心态，要通过行业协会、联谊会、期刊交流、相互参观、联合打击非法行为、技术攻关等途径，积极与竞争对手开展价值观、工作作风、产品标准等多方位的交流与合作。

与竞争对手交流是一种自信的体现，是一种力量的体现，是一种虚怀若谷、海纳百川的学习精神的体现。与竞争对手交流也是对竞争对手成长的帮助和关心，有责任的大企业通过与同行开展多层次的交流，有助于促进产业协同发展，促进良性、有序市场竞争环境的建设和维护。

### 实际案例

2017年12月15日，"2017中国户用光伏品牌巡回展览会"（浙江站）在杭州举行，来自全国各地2000多位光伏行业大咖齐聚杭州国际博览中心，共同交流探讨户用光伏发展经验。

开幕式上，正泰光伏学院正式揭幕，这也是国内首个由企业发起、专门培训光伏行业人才的学院。针对当前分布式光伏市场各专业人才奇缺的现状，正泰光伏学院旨在打造公益性开放式培训平台，集聚各方资源要素，培养户用光伏专业人才，探索人才培养的长效"造血"机制，打造"光伏工匠"新摇篮。正泰光伏学院不仅得到了数十家光伏行业协会、资深光伏企业、金融机构、专业院校等资源支持，更聚合了全球新能源领域及其他相关行业精英组成的顾问团队。

随后正泰光伏学院发布了浙江省首份《优质户用光伏白皮书》，正泰新能源总裁、正泰光伏学院执行院长陆川系统全面地介绍了包括浙江省户用光伏政策环境、发展概况、应用案例、注意事项等在内的"行动指南",得到了现场嘉宾的一致好评。

该份《白皮书》从设计、选材、制造、检验、运输、系统安装、工程监理、工程验收等全过程质量管控方面,介绍了户用光伏用户选择优质屋顶电站的标准以及安装注意事项,逐一回答了用户关注的相关问题。

同时,《白皮书》从品牌、产品、质量、售后、金融、保险等6大保障方面对户用光伏选择标准做了详细阐述。

《白皮书》还介绍了浙江省户用光伏产业整体情况以及部分重点地市模式创新、案例应用和市场数据。

正泰还积极参与制定行业标准,推动中国户用光伏市场标准化。2018年11月,在中国标准化协会太阳能应用分会的指导下,正泰联合行业内几十家领先企业和机构发起成立了户用光伏标准化联盟。该联盟将整合优质资源,积极开展技术交流,不断完善业内技术标准,提高行业整体能力,加强行业内外的广泛合作,促进中国户用光伏建设的整体标准化,解决无标可依的现状。(胡旭峰/文)

在行业去产能、经济下行的现阶段,转型升级已成为企业寻求突破的必由之路。在这个时候,严控品质不过关且相互压价的恶性竞争行为,营造一个规范有序的市场竞争环境显得越来越重要。

只有通过有序规范的市场竞争,才能真正保证企业的创新积极性不受伤害,才能有效保证企业转型升级的动力不受伤害。

另外,企业还要勇于面对失败,能够接受竞争对手的胜利。竞争总有输赢,但失败并不可怕,可怕的是失败了却没有获得任何有益的教训,可怕的是失败了却没有获得任何进步,可怕的是失败的同时还丢掉了信念和方向。

## 3　与政府、政策的关系

现代社会经济运行有三个基本环节：一是企业，二是市场，三是政府。维护好与政府之间的关系对企业的生存发展至关重要，良好的政企关系有利于企业开辟和巩固市场，有助于提升企业业绩，提高抗风险能力。纵观正泰几十年的发展历程，其中的每一次重要选择都是在积极把握政策导向，积极配合国家发展战略，紧扣时代发展脉搏而做出的战略调整与布局。

2012年，正泰集团董事长南存辉当选为浙江省第十届工商联主席，同时当选浙江省总商会会长后，《浙商》杂志专访了南存辉，对于如何看待、处理政商关系的问题有过下面这样一段精彩对话。

**实际案例**

《浙商》：您对政治一直较为亲近，曾说"政治是天"，原因是什么？

南存辉：作为一个企业，政治应该是天，是方向。天气好的话，出太阳了，被子霉了可以晒晒呀！外面刮风下大雨，你却拿被子出去，肯定不合时宜嘛。老百姓都知道"看天吃饭"的道理，企业更不能"逆天行事"。

我所强调的讲政治，是指时时处处要关注党中央的政策。不一样的政策，就会有不一样的结果。正泰能有今天这点成就，并非我南存辉有多么了不起的能耐，而是取决于"天时、地利、人和"。天时，即党的改革开放政策。没有改革开放的阳光雨露，就没有民营企业的蓬勃发展。所以我一直认为，正泰集团是"改革开放催生的产物"。

基于这样的认识，我经常讲三句话："听中央的，看欧美的，干自己的"。听中央的，就是要认真学习党的各项方针政策，深刻领会党中央的精神，这对一个企业的发展具有重要的指导意义；看欧美的，即认真地向欧美等发达国家和地区学习，学习他们先进的技术，特别是要学习他们的发展经验；干自己的，即企业发展要以实际国情为基础，根据本行业和本企业的特点，走好自己的路，做好自己的事，不能完全照搬照抄别人的经验。其中，听中央的是前提，是一个企业正确方向的重要保证，是任何一个中国企业都必须遵循的原则。从这个角度来说，"讲政治，跟党走"不但不能淡化，而且更要加强。

《浙商》：就任之后，将如何平衡企业家与官员身份之间的关系？

南存辉：我首先，而且永远是一个企业家，而不敢以"官员"自居。企业家，就是一个把企业当家、当事业、当归宿的人。所以，我要做的，首先是要把自己企业办得更好，能为兄弟企业提供可资借鉴的经验。同时，工商联是非公有制企业的娘家，工商联主席则是这个群体的代表。在商言商，我一定要努力当好广大浙商的"服务员"，为整个浙商群体，尤其是非公有制企业的健康发展和非公有制经济人士的健康成长鞠躬尽瘁。

因此，与其说如何平衡企业家与官员身份之间的关系，倒不如说如何平衡管好自身企业和服务广大企业的关系。两者之间，"大家"为重，"小家"为轻，我当努力做到管好"小家"，服务好"大家"。我认为这两者之间一般不会存在什么冲突，如果真遇到两者利益发生冲突的情况，我当毫不犹豫地"顾大家舍小家"。（节选自《南存辉：我永远是一名企业家》张玲玲/文）

以上对话可以说涵盖了一个企业看待和处理政企关系的主要内容。具体来说，我们从中可以总结出以下三个方面的主要内容。

第一，政企关系是企业发展绕不开的议题，企业的经济活动是在政府的领导下开展的，经济建设、经济活动不能独立于国家政策之外，企业发展需要结合国家的方针政策。

南存辉始终相信党中央的智慧，相信政府能够大有所为。因此，每当经济发展出现起伏，看不清方向时，他总是坚定地站在政府一边，紧跟政策路线。南存辉曾在一次演讲中这样说。

### 实际案例

一定要相信中国共产党的领导智慧和各级政府的有效作为。从十一届三中全会以来，中国这30多年不断地进行着变革、改革、创新发展，这些巨大的成就是令世人瞩目，世界都为之瞩目，无可争议的。特别是十八大、十八届三中全会以来，最近一段时间，大家过去所有的顾虑在十八届三中全会中全部给你回答了。

我相信中国共产党领导的智慧，中国共产党领导下的政府有效作为，我信这个东西，我就不会产生恐惧，也不会产生迟疑。在经济发展的过程当中，碰到某些起起伏伏的时候，碰到某些争论的时候，碰到某些看不清楚的时候，我相信"信"很重要，就是坚定了自己的信心，坚定了自己的理想、信念。这个时候你做决策，你做很多事情就不会在那里观望、迟疑、等待。一等待，一观望，后面的老兄就超过你了，你怎么下这个决心，所以这个"信"字很重要很重要。

我们30多年这样过来，你说改革开放发展当中没有问题吗？肯定有问题存在。但是，有人对危机，对这些问题他可能看得比较重一点，可能放大了一点，这个也是无可非议的，但是我们自己要明白。哪有那么大的一个国家在发展的过程中没有问题的，没有问题是不正常的，有问题是正常的。但是，你要相信我们中国共产党的领导集体，中央领导的智慧，经济发展政策一次比一次讲得清楚，一次比一次讲得坚定，一次比一次讲得彻底。所以，现在我们的民营企业，可以一次比一次看得清楚。民营企业从非公经济，从补充的部分，到组成的部分，到了重要组成部分，到了两个不动摇，到今天可以搞混合所有制。所以，在十几年以前，有一个日本的新闻记者采访我，他问我，南存辉你觉得共产党的政策会不会变？我跟他回答会变。他说南存辉说会变，我当时说了两句话，后面还有半句话，叫作越变越好！（南存辉/文）

进入 21 世纪，国家刚提出工业经济转型升级，南存辉就结合正泰实际，寻找下一步的发展目标。在他看来，企业要实现跨越式发展，就必须紧跟国家的方向。为此，他考察了很多项目，最终把目光瞄向了光伏产业。因为随着全球环境恶化，发展清洁能源成为各国的共识，也是未来市场的需要。另外，投资光伏产业，还能够帮助正泰进入到前端的发电环节，从而打通全产业链。这也符合他"用加法把产业做强"的一贯思路。2006 年，正泰投资 3000 万美元，进军光伏产业。目前，正泰集团所打通的全产业链已开始显示出产业链整合的优势，集团正在向年营收千亿元目标迈进。

第二，政府通过制定法律、政策，提供基础设施和资本，以及规范市场行为、简化市场准入制度等举措都会对企业的生产与发展产生巨大的影响，企业要善于学习和消化。

### 实际案例

1984 年南存辉和同学创办求精开关厂（正泰前身）以后，非常重视对品质量的把关。而当时在方圆不到 50 平方公里的柳市，分布着上千家低压电器厂，由于当时市场管理机制不健全，市场比较混乱，很多厂家生产出来的产品上市后，事故频发。温州地区生产的电器甚至一度被视为假冒伪劣的代名词。

1986 年，国家颁布《工业产品质量责任条例》，要求生产低压电器的厂家必须获得生产许可证。为了合法生产、顺应形势，南存辉积极响应，报名参加各种培训，到市里、省里审核，并花五六万元买来检测和试验设备，请来上海老工程师到厂里帮忙质量提升，光所使用的图纸、材料，就可以装一卡车，一直等到机械部检查验收。有同行因此嘲笑他，因为当时产品根本不愁卖，不拿证书照样赚钱。

1988年，求精开关厂如愿拿到了国家生产许可证。当时南存辉的想法很单纯，把质量做好，满足市场需要，万一将来做大了，即便被认定为资本主义、不允许干了，那就充公给国家好了。

1989年，国务院八部委联合组成工作组来温州打击、整顿假冒伪劣，一大批电器厂被迫关门。而南存辉的求精开关厂因为有生产许可证，产品质量过硬，企业不仅保存了下来，反而成了被扶持的对象。企业很快从众多的低压电器企业之中脱颖而出。

正泰在30多年的发展历程中，充分利用国家对企业的各种帮扶政策或者平台，在项目建设、土地、原材料、税收、融资、人才引进、党建等方面陆续获得政策支持，推动了企业稳健发展。

南存辉认为政府、政策会事关企业发展的战略，他曾对此有过深刻的阐述。

### 实际案例

我们从十八大报告中解读到工业化、信息化、城镇化和农业现代化同步发展的战略，会给我们的企业带来多少的发展空间，不敢想象。现在的轨道交通，光是地铁轨道交通，我算了一下大概20万亿，城镇化大概40万亿，有太多东西了。反正各行各业都会受益的，空间是非常巨大的。大家只要坚持做自己懂得的事，坚持主业，坚持创新一定会有成就感，所以我讲要相信政府。有人觉得政府总爱瞎搞，其实他们都是善良的，都想把自己做好，但是有时候可能政府动作快了一点，力度大了一点,有时候市场规律不按他的意思走,所以有人就会批评政府。那么,这时候让市场在资源配置当中起决定性作用,这个就明确了。政府发挥政府的作用,这一点将来我相信会越来越清晰,越来越好。所以,与政府的关系和资源能够互动的好,也是非常好的资源。

企业发展与国家宏观经济政策息息相关,企业必须把握好国家的宏观经济政策。了解政策导向,才能站得高看得远,才能及时调整企业发展战略,转变发展方式,才能充分利用政府和政策资源,把握住时代脉搏与市场成长机遇,实现健康平稳发展,与客户、政府、社会实现"多赢"。

第三,企业家要积极参政议政,积极献言献策,同时企业家应该守住自己的主业,应该牢记企业存在的主要任务是为社会创造财富、为客户创造价值。

企业如何与政府打交道,几乎是所有企业都会遇到的问题。关于这个问题,南存辉表示,十八大以来"提出的'亲''清'新型政商关系,是对我们民营企业家的爱护,是非公有制经济发展的法宝。"他呼吁广大民营企业家要深入学习领会习近平总书记重要讲话精神,自觉做到"亲""清"二字。讲真话,说实情,建净言。要满腔热情支持地方稳增长、保就业、促发展。做到洁身自好走正道,遵纪守法办企业,光明正大搞经营。

多年来,南存辉积极参政议政。从20世纪90年代南存辉先后在市、省、中央等各级工商联、政协、人大担任重要社会职务。并积极参政议政,参与公共决策,每次有重要的会议他都会积极参加,几乎从不缺席,积极为政府政策的制定、完善去建言献策,并多次受到党和国家领导人的赞扬。但无论担任什么样的社会兼职,他始终不敢忘记自己的身份。他说:"我首先,而且永远是一个企业家,不敢以'官员'自居。企业家,就是一个把企业当家、当事业、当归宿的人。我要做的,首先是把自己的企业办得更好,为兄弟企业提供可资借鉴的经验。"

## 4 与社会、生态环境的关系

企业是存在于社会之中的企业,企业不能脱离社会而存在。马克思认为人的本质是一切社会关系的总和。这里,我们不妨把企业比作一个人,即企业的本质是一切社会关系(以生产关系为基础)的总和。基于这样的理解,我们可以把企业的社会关系分成两大类:生产关系,以及生产关系之外的其他社会关系。

对于企业来说,所谓的生产关系,具体来说不外乎企业的生产管理、市场营销、产品研发等方面。一直以来,生产关系直接关乎企业的生死存亡而显得很重要,所以在近代商业史上,以及在每个企业发展的较长时间内,企业管理者们往往会存在一个误区,就是认为把企业生产经营搞好了,盈利的问题解决了,承担起与客户、股东、员工等与企业运营直接相关的责任就万事大吉了。因此忽视或者无视企业除了生产关系之外,还有其他的社会关系需要面对和处理,还有更多的社会责任需要承担。

随着时代的进步,在企业生产关系之外的其他社会关系对于企业生存发展的重要性越来越凸显出来。某些以前对于企业来说无足轻重的社会关系甚至已经比生产关系重要,并替代了生产关系的首要地位。正泰集团作为中国民营企业的一个典型代表,很早就意识到了企业在更广层面上处理社会关系的重要性,很早就力所能及地承担起广泛的社会责任。多年来,正泰把"为社会承担责任"作为企业经营的核心理念之一("为客户创造价值,为员工谋求发展,为社会承担责任"),并在"为社会承担责任"方面做出积极贡献。

南存辉曾在不同的场合多次表达过正泰对于企业承担社会责任的理解和做法。

在作为全国人大代表和全国政协常委期间,南存辉多次建议强化民营企业的社会责任,呼吁政府尽快制定民企社会责任考核标准和评估体系,引导、支持和鼓励企业践行社会责任。南存辉多次在采访中,谈到企业的社会责任问题,下面将他的一些主要观点进行了汇总。

**实际案例**

　　社会责任是一个国家中每一个公民应尽的义务，企业承担社会责任是义不容辞的。

　　社会责任包括法律责任和道德责任。法律责任像依法纳税、保护员工合法权益等。道德责任包括注重员工的福利待遇、保护环境、对产品负责等。作为一个企业，不仅要履行法律责任，同时要承担道德责任，党中央提出"要把遵循社会主义市场经济法则和遵循社会主义道德准则结合起来"，我们十分赞同。

　　企业财富可以分为有形财富和无形财富。有形财富主要指企业的固定资产、销售收入等。而无形财富主要指企业的品牌价值、社会知名度和信用关系等，这些与"物"为标志的资产不是一回事，但它是企业的无形资产，不能简单等同，而应同样重视。从这个意义上来说，企业承担社会责任不仅是一种义务，同时也是一种生产力，是企业健康、和谐、持续发展的重要保证。企业的发展一定要主动服从国家政策要求，自觉承担国家和时代赋予的社会责任，才能树立良好的信誉和形象，得到社会各界的认可，这也是企业创造财富的过程。

　　不能否认，在我国改革开放30多年后的今天，受西方商业文化思想的侵蚀和影响，在国人中滋生着一种拜金主义和功利主义，我们传统的中华民族优良的传统在慢慢流失，这是非常严峻的现实。因此我认为，作为企业家，尤其需要具备生财有道、以利济世的"儒商"精神，只有具备这种精神，才能打造现代的商业文明，企业才能保持可持续发展。

　　"天下兴亡，匹夫有责。"企业与个人、国家、社会有着休戚与共、唇齿相依的关系。无论企业管理者们有没有认识到，企业从它诞生的那一刻起，就已经在实际运营中或多或少承担起了社会责任。

具体来说，企业应该承担的社会责任主要有如下内容。

对股东、员工的责任：在相关法律关系和道德关系的基础上，为股东和员工提供良好的工作环境，并且带来实际收益、福利等相应权益。

对客户的责任：在保障合理利润的前提下，企业要为客户提供质优价廉的产品，以及更好的服务，满足客户的物质和精神方面的需求。

对供应商、代理商、债权人的责任：企业要遵守合同条款，在生产或者资本的上下游关系中保持诚信。

对政府、媒体、协会等的责任：企业要遵纪守法，积极配合、支持有关部门或机构的工作。

对社会公益事业的责任：包含自愿向灾区捐款捐物、资助贫困生上学、扶持小微企业成长等。

对环境的责任：环境保护已经成为世界各国高度重视的严峻问题，保护环境是企业不可推卸的责任，企业要将环境保护放到和企业盈利一致的高度。

企业承担社会责任对于企业，对于社会都具有重要的意义，有利于双方乃至多方达成共赢，促进双方乃至多方的可持续发展。

对于社会，企业承担社会责任有助于解决就业问题，有助于产业的转型升级，有助于保护资源和环境实现可持续发展，有助于解决贫富差距问题，有利于扩大内需与和谐社会建设。

对于企业本身来说，履行企业社会责任可以为企业自身带来诸多实际价值，这些价值是企业的经营和管理者应该认识和追求的。

（1）提升企业业绩。

有调查发现，与完全不考虑环保影响等社会责任的企业相比，那些充分考虑环保影响等社会责任的企业业绩会更好。

"绿水青山就是金山银山。保护环境就是保护生产力，改善环境就是发展生产力。"企业发展一定要树立大局观、长远观、整体观，不能因小失大、顾此失彼、急功近利，不能因为眼前小利，失去了长远发展的大利。当前，企业在社会责任方面的投资正在逐渐成为一种潮流，越来越多的企业开始加入其中。

（2）推动企业文化建设。

承担企业社会责任能够补充和完善企业文化的内容，有助于提升企业文化的价值内涵，推进企业文化建设的宣贯与落地，增强员工的满意度，培养员工的世界观、责任感、使命感，提高企业的凝聚力。

（3）促进企业创新。

承担企业社会责任不是自娱自乐的做无用功，企业社会责任是实现企业可持续发展的重要保障之一。积极承担社会责任有利于企业创新发展获得新的视角，有利于企业创造新的商业模式及产品服务，引领时代潮流。

（4）提升企业品牌形象，提升企业竞争力。

现在的客户社会责任意识在不断提高，客户购买产品不单单注重价格、质量、安全等因素，还关心产品的生产、经营是否合法合规，是否合乎社会公德。调查显示，企业越是注重社会责任越有可能获得更大的市场份额。

### 实际案例

低压电器生产有一道工序叫作"移印"。生产过程中会产生刺激性的气体，久而久之对人体不利。国家有关环保标准当时对此并没有强制要求，可正泰却投入数十万元，主动更新了设备。恰逢国外客户来公司考察，这个微小的细节，给他们留下了深刻的印象。不久正泰就接到了一份价值千万元的订单。

正泰通过这样的行动，既保护了环境，也强化了企业内部创新意识的打造，同时也提升了对于客户的品牌感染力和说服力。

此外，企业在公益慈善等行为都能够在客户与民众心中树立起积极正面的企业品牌形象。

（5）增进与政府主管部门、媒体等建立信任关系，获得更多认同与支持。

当企业积极、切实遵守政府关于环境、健康和安全等法规时，常常能获得监管、认证、工商、媒体等部门更多的认同和支持。在国际上，已经有越来越多的中国企业在"走出去"的过程中开始认识到有关标准认证的重要性，因为不少国家更希望与乐于回报社会的企业开展合作。

除了赚钱之外，企业应该增强社会责任感，真正承担起自身所面临的社会责任。以有偿或无偿的方式，通过资助、捐款，积极参与节能环保工程建设等多种形式和途径，积极承担起企业在服务社会、造福人类、改变生活方面的责任和使命。

多年来，正泰在价值分享文化理念的指引下，除了通过为希望工程、扶贫济困、抗洪抢险、抗震救灾、环境保护工程等捐款捐物方面承担起社会责任外，还在帮扶产业链企业发展方面做出了自己独特的贡献。

南存辉多次坚定地谢绝了一些朋友希望他到其他行业赚"快钱"的"好意"，因为在他看来，任何一个国家都离不开实体经济，正泰要担负起产业报国的责任。为了担负起这一责任，正泰不仅自己坚持一心一意做实业，聚精会神创品牌，同时还帮助一大批中小微企业共同成长，共同创造一个稳定的实体经济圈。集团研究创造了一套独具一格的办法——"在困难时候帮一把，在关键时刻拉一下，在刚起步时送一程"。

几年间，正泰先后自掏腰包，投入2000万元，帮助近200家供应商构建电子商务平台。又投入1800多万元，辅导300多家骨干经销商建立电子商务平台。公司还投入2700余万元，帮助180多家经销商建立了形象店。而正泰乐清小额贷款公司则针对部分中小企业"融资难、融资贵"的问题，累计投放资金几十亿元，惠及上千户小微企业和个体户，帮助了一批企业渡过了难关。

对于南存辉的做法，也有人提出质疑，曾有一位日本记者采访时就告诫他，市场经济就是大鱼吃小鱼，你这么做是不按市场规律办事，是要吃亏的。

而南存辉认为，"经济全球化的深入，市场竞争已经由单纯的产品竞争转变为综合实力的竞争，由单体的企业竞争转变为企业整体产业链的竞争。与供应链上下游的中小微企业互助共赢，既是大企业的社会责任所在，也是我们自身可持续发展的需要。良性的市场竞争不是你死我活，而是共同发展，不是大鱼吃小鱼，而是大企带小企。正泰集团就是要把利益链上的相关者，甚至间接相关者都变成合作伙伴，不做'一将功成万骨枯'的生死搏斗，而是'千帆竞发、百舸争流'的竞合共生，努力在自己周围打造合作共赢的小环境。我觉得，一个一个企业营造的和谐小环境，必将汇聚成社会发展进步的和谐大环境，而稳定就是企业发展之大计。"

"作为改革开放的受益者，民营企业家更要增强致富思源、贫而思进的意识。只有把发展当成责任，把责任当成生产力，倾情回报社会，才能真正实现双赢。"南存辉坚定地说。

有眼光、有智慧的企业一定会将履行社会责任提升到企业经营战略的高度，并将社会责任与业务紧密联系起来。在这个基础上，尽心尽力地在社会投资、产品与服务创新、环境保护、品牌文化传播、公益慈善事业等方面为社会做出贡献，力争成为良好企业公民的典范。

# 第 5 章　创新致胜

## *1*　创新是企业生存发展的关键

创新是一个企业发展进步的动力和灵魂，是创业精神最直接的体现。

企业创新，就是要根据自身条件，勇于突破当前的局限，把握机遇，发现机会，创造适应市场发展的规律，满足客户对新产品新服务的需求，在激烈的市场竞争中取得竞争优势。

离开了创新，企业的生存和发展就没有保障。美国商业偶像李·艾柯卡甚至直言："不创新，就死亡。"

企业要把创新作为引领发展的第一动力，不断推进思维创新、制度创新、技术创新、文化创新等全方位的创新，让创新贯穿于企业的一切工作，在企业中形成创新的文化氛围。

▶ 把创新当作一种使命

创新不仅是一个企业发展进步的动力和灵魂，同样是一个国家、一个民族、乃至整个人类社会进步的动力和灵魂。创新推动着人类文明的不断进步。要增强使命感，努力创新，勇于实践。

（1）创新解放生产力，推动企业发展。

创新是现代经济增长的基础。具体来说，创新能够通过降低生产成本、提高生产效率、提高利润率、开辟新的市场等方式带来经济增长。

（2）创新促进产业升级，提高国家综合实力。

"综合国力竞争说到底是创新能力的竞争"。回顾近代历史，我们可以清楚地看到，一个国家和民族的创新能力，从根本上影响甚至决定国家和民族的前途命运。随着经济全球化、知识经济时代的到来，企业创新是国家创新能力的重要一环。以企业为主体的创新体系推动与发展各项高新技术革命，有利于改变当前面临的人口增长、资源枯竭、环境恶化等难题，企业需要在创新上勇于尝试、敢于担当、善于谋划。

（3）创新能够改善人们的生活水平。

企业通过创新，能够为人们提供更好的产品与服务，改善人们的生活水平。

（4）创新带动就业。

创新能够通过创造新的需求，创造新的行业，创造新的工作种类等方式带动就业。

（5）创新能够带动企业整体实力的提升。

企业在创新的过程中，能够推动生产设备、研发能力、管理能力等全面提升。

（6）创新推动和谐发展、可持续发展。

创新能够促进社会公平，推动人与自然的和谐关系，从而实现可持续发展。

### ▶ 创新驱动转型升级是形势所迫，势在必行

中国经济发展进入了新常态，不管是从企业自身角度，还是从市场竞争需要的角度，产业转型升级都已势在必行。在创新驱动转型升级的过程中，企业需要通过创新，应对以下几个方面的挑战。

（1）产能过剩，竞争加剧。

产能过剩，供大于求，传统制造业生产的规模经济进入换挡期。企业的发展要由过去的数量扩张和价格竞争，逐步转向质量型、差异化为主的竞争。创新的作用更加凸显，更加智能、更加专业将成为大势所趋。

（2）个性化消费渐成主流。

消费市场的升级倒逼产业升级，创造新产品、新服务是一个可持续的发展模式。企业通过创新技术、创新产品、创新业态、创新商业模式等方式创造与激活需求的重要性已经显著上升。

（3）全球市场竞争环境变化。

全球经济增速下降，出口压力增大，这是当前和今后一个时期经济发展的基本态势。企业迫切需要实现转型升级，转入创新驱动发展轨道。

（4）生产成本压力不断增大。

在企业间的技术差别日益减小的今天，只有从创新入手才能有效地降低成本。只有不断创新，不断用有效的方式激励创新，才能实现企业持续发展。

（5）资源和环境承载力有限。

资源和环境承载力已经达到或者接近上限，企业需要创新发展模式，形成绿色低碳可持续的发展新方式。

> **实际案例**

正泰最初只做传统工业电器，后来国家大力鼓励发展清洁能源，正泰看准这个机遇，选择到太阳能光伏领域去深耕，用信息化技术和传统产业相结合，并通过海外收购，把先进的企业买过来，引进资源、人才、技术后深入融合，带领整个行业往前走。2006年进军光伏产业以来，正泰太阳能连续多年成为浙江光伏出口第一大企业。目前，正泰已在全球建成并运营数百座光伏电站，成为国内极具竞争力的民营光伏发电投资运营商。

"抓创新就是抓发展，谋创新就是谋未来。"新常态下，每一个企业都面临着巨大的挑战。企业应认清宏观经济形势，转变企业发展理念与发展战略。要抓住新一轮世界科技革命带来的战略机遇，努力突破自身的发展瓶颈，企业只有持续创新才能保持竞争力。企业只有把创新放在更加突出的位置，通过不断创新，才能适应新常态、把握新常态、引领新常态，只有通过不断创新，才能跟上世界潮流，把握发展的主动权，赢得市场先机。

### ▶ 创新内涵丰富

创新涉及企业的方方面面。具体来说，创新可以分为理念创新、制度创新、技术创新、商业模式创新等。

（1）理念创新。

新的理念往往是灵感的源泉，可以说，理念创新是创新的灵魂和前提。理念能够指导企业的经营，理念创新是企业实现自我革新和突破的起点。理念创新也是一个渐进式的过程。企业要从企业文化建设入手，创新和完善经营理念，统一思想认识，抢抓机遇、迎难而上、勇于探索、不断营造企业创新文化氛围，以创新文化引领企业创新战略的落实。

(2)制度创新。

面对激烈的市场竞争,企业必须及时调整自身的组织结构来适应市场的变化和需求。企业通过制度创新可以重新整合人力、资本、生产设备等要素,减少阻碍企业发展的各种不利因素,使资源配置更加科学化、系统化,提升企业自身实力和市场竞争力。

(3)技术创新。

"科技兴则民族兴,科技强则国家强。"在全球化背景下,技术创新成为国际竞争中的核心武器。企业对科技创新的运用、保护和管理能力决定着一个企业的核心竞争力,企业必须加强自主创新,提高知识产权保护意识,要善于运用知识产权战略。

**实际案例**

正泰电器坚持自主创新,研究开发了一系列拥有自主知识产权、达到国际先进水平的低压电器产品。公司先后承担了国家"八五""九五""十五"等重点科技攻关项目,拥有上千项国内外专利。可通信智能型万能式断路器、电子式过载继电器、智能型模块式塑壳断路器等,被列入了国家科技部火炬计划项目。正泰电器通过多年的连续创新,从跟随式创新一步一步走向引领式创新。

(4)商业模式创新。

在信息技术革命的推动与支撑下,除了技术创新、管理创新等,企业还要把商业模式的创新放在战略高度。企业可以通过商业模式的创新来适应时代的变化,走出发展所面临的困局。

企业商业模式的创新需要结合技术创新,以及创新产品或服务,提高产品售后服务质量,增加产品附加值等来展开。

> **实际案例**
>
> 当前,世界能源格局正迎来新一轮变革。在这个战略机遇期,正泰正着力打造"一朵云、两张网"。一朵云,集合了正泰智能制造、智能产品、智能电站、智能电网等,通过运用物联网、云计算、大数据分析技术等一体化架构设计,提供多层次的云应用信息化服务。两张网,即正泰工业物联网和正泰能源互联网。正泰工业互联网将正泰云的各个要素综合运用,形成了完整的工业互联网服务生态链。正泰能源物联网,包含了遍布全球的分布式新能源电站、EPC与运维服务、电力交易以及端到端实时交易系统与金融服务。

当前,新一轮科技和产业革命蓄势待发,企业竞争能力的高低越来越体现在创新能力上。企业要深入实施创新驱动发展战略,推动管理创新、科技创新、产品创新、产业链创新等创新工作,加快形成以创新为主要引领和支撑的发展模式。谁在创新上先行一步,谁就能拥有引领发展的主动权。

## ▶ 发扬企业家创新精神是关键

什么是企业家精神?政治经济学家约瑟夫·熊彼特说,企业家精神就是创新能力,也就是引进新的产品、新的流程、新的市场来代替旧的产品、旧的流程、旧的市场。创新发展能力是企业家能力的核心。

"企业家的职责是创新,创新的主角是企业家。"

企业家的主要任务不是从事具体的企业经营管理,而是要创新,即为企业解决新方向、新任务和新动力的问题。

企业的创新信心和决心来自于企业家。在一个企业中,企业家本人是企业的创业精神、创新精神的最典型代表,企业家及其创新精神是企业构建创新文化氛围的源头与核心,企业家的创新精神具有不可替代的感召力、号召力和影响力。

企业家是企业的主要负责人和决策者，是企业战略的制定者和推动者。企业家在推动企业创新发展过程中始终处于引领者的地位，其地位和作用不可替代。新常态下，依靠创新驱动发展，关键是要发扬企业家的创新精神。这其中，最重要的有两方面。

（1）经营升级，模式创新，组织和社会的关系创新。

改革开放40年来，中国一大批优秀的企业家以勇于创业、大胆创造、不断创新的精神，成为了市场经济的弄潮儿，也成就了一大批优秀的企业与品牌。这是制度创新的红利，更与一大批优秀的企业家们的创新精神分不开。

**实际案例**

"围绕主业创新发展不动摇"是正泰始终如一遵循的原则。可以说，正泰的每一步发展，都是一次对原有企业制度、管理体制的突破和创新。概括起来，正泰主要做了五个方面的创新变革：一是由相对低端的产品向中、高端产品转变。二是由单一的生产制造商向系统集成解决方案提供商转变。三是由单纯卖产品向卖服务转变。四是由传统产业向绿色节能、环保型产业转变。五是由单纯的企业经营向充分运用资本杠杆等手段来经营企业转变。事实证明，转变思路、敢于创新、打破原有的发展束缚，是正泰健康快速发展的重要原因。

（2）工匠精神，智能制造，人与机器的关系创新。

技术是经济增长的主要推动力，企业在某种程度上亦是技术发展变革的产物。随着大数据、云计算、物联网、人工智能等新兴技术的发展，这些信息技术与制造技术深度融合，引发了制造业发展理念、制造模式等的重大变革。在这样的时代背景下，企业家要重视和关注新一轮科技革命和产业变革，看准方向，超前布局，全面增强自主创新能力，在高端制造领域赢得先机，掌握全球竞争的战略主动。要抓住新一代信息技术带来的技术机会，推动互联网、云计算、大数据、物联网等与现代制造业结合。要结合企业实际,探讨适合自身发展要求的产业创新道路。不管是传统产业转型升级,还是发展新兴产业,创新都是开启企业新的发展道路的关键。同时要强化"以质取胜"的战略意识,加强企业质量管理,立志做"百年老店",持久经营与传承,把产品和服务做精做细,以工匠精神保证质量和信誉。

"在激烈的国际竞争中,唯创新者进,唯创新者强,唯创新者胜。"创新不是简单的"改良",而是一场有预见性的持久"革命"。

## 2 将发现和培养创新型人才作为工作重点

"人才是创新的根基,是创新的核心要素。创新驱动实质上是人才驱动。为了加快形成一支规模宏大、富有创新精神、敢于承担风险的创新型人才队伍,要重点在用好人、吸引人、培养人上下功夫。"

创新是人的创新,企业在管理、制度、技术、营销等方面的创新,都要通过创新型人才来实现,所以企业之间的竞争,归根结底是人才的竞争。特别是在创新驱动转型发展的过程中,企业要在激烈的市场竞争中立于不败之地,积极发现、培养、留住和吸引高素质的创新型人才显得尤为重要。

### ▶ 发现创新型人才

要在企业里发现创新型人才,首先需要弄清楚什么是创新型人才。

所谓的创新型人才,我们认为就是在一定的专业能力与一定学习能力的基础上,能够敏锐地发现问题或者创造性地解决问题的人才。企业要发现创新型人才,就是要发现这样的人才。

按照上述定义,可以说,创新型人才一定是个学习家和实干家。创新型人才所做的工作未必是什么石破天惊、惊天动地的工作,因为企业的发展是渐进式的。创新型人才的事业也是渐进式的。创新型人才并不是什么光芒四射、光鲜亮丽的名词,并不是什么高学历、漂亮头衔的代名词。创新型人才应该是最务实、最接地气的一类人。

一般来说,创新型人才具有强烈的创新意识,掌握了创造性的思维方法,能自觉地创造性开展工作。

具体来说,创新型人才具有以下几个方面的主要特征。

(1) 有清晰的理想信念和目标。

一个人如果有清晰的人生理想和信念,那么在生活和工作中就会有清晰的目标,以及由此带来的事业心、责任感、团队精神、创业精神。继而能够在工作中表现出勇于接受挑战,意志坚定、努力拼搏,不断突破的工作状态。

(2) 具有较强的学习能力、适应能力。

学习能力是以一个人的知识总量和知识质量为背景的,只有小学水平的人去学习博士水平的知识显然是不可想象的。学习能力包括一个人的学习态度、学习速度、学习效率、学习品质,以及吸收转化度等。

学习能力是一个人、一个企业,乃至一个国家本质的竞争力。因为学习能力直接关乎一个人、一个企业,乃至一个国家适应外部变化的能力。创新型人才往往具有较强的学习能力,以及由此为基础的产生的快速适应能力。

(3) 严格、严肃、严谨的工作态度。

只有以严肃、严格、严谨的态度对待工作,才能在工作中认真细致、精益求精,只有保持细致认真、精益求精的精神,才能在工作中不断发现问题、不断提升工作水平。态度是创新的基础,没有这个基础作为保障,学历再高、头衔再大,过去再辉煌也很难被归为创新型人才。

(4) 创造性解决问题的工作能力。

在信息爆发的时代,创新型人才不仅要掌握自身领域内的知识,还要有广泛涉猎的兴趣，不断拓展知识面，形成创新思维，能够举一反三、触类旁通，这是创造性发现问题和创造性解决问题的基础。

什么是创新思维？一个人有没有创新思维有两种表现，一种是独立地提出不脱离实际的疑问，即发现问题；另一种就是能够独立找到不脱离实际的解决问题的方法。一个人有这两种表现之一就可以说他具有创新思维。

在现实生活中可能有不少人对创新性思维是有误解的，认为具有创新思维的表现是所谓的前瞻性、独创性、灵活性等。事实上，真正的创新性思维必须是符合实际的，必须是能够有效或高效地解决问题的。脱离这两个基础性条件，所谓的前瞻性、独创性、灵活性都只是表面的假象而已。

出口到意大利国家电力公司的产品要求预干预特性从 5 毫秒提高到 0 毫秒，这就要求产品检测设备精度要由毫秒级提高到微秒级。这一重任又落在薛长今和赵宗礼身上。制造周期短，且以前的生产设备均不能满足这一要求。于是，薛长今从网上查找资料，向相关自动化设计人员咨询，终于在理论上有所突破，即用单片机检查代替现有 PLC 检测。检测精度达到了，一个个技术难题又接踵而至，比如单片机数据与触摸屏通讯问题、抗干扰问题等。为此，薛长今画电气原理图，自己到温州购买电子元器件，用教学用的线路板一遍遍做试验，一遍遍修改设计，白天有时一坐下来便是六七小时，为了晚上能更好地延续编程思路，干脆自掏腰包购置手提电脑在家办公。功夫不负有心人，经过反反复复试验修改终于在半个月内解决了这些难题，一个月完成了设备制造，比计划提前近一个月时间。检测精度达到 0.001 毫秒，是以前设备的 100 倍，而且以前无法达到的动作时间 2 次/秒的难题也迎刃而解。这是该公司首次在自动化设备上实现单片机、PLC、触摸屏和 RS232 现场总线技术的综合运用。这种校验台一做便是三台，完全满足客户生产量和质量要

求。(《自主创新扬帆商海——正泰集团发展探微》叶正积/文)

总而言之,创新型人才具体表现为具有工作热情,对有关的各种新鲜事物兴趣浓厚,具有好奇心和探索精神,在工作中观察能力强,能够活学活用自身的知识进行独立思考、敢于质疑、勇于尝试、不断改进。

企业要发现创新型人才,除了要对创新型人才的特征了如指掌以外,还要能够建立有效发现创新型人才的机制。

首先要建立良好的选人用人机制,要在招聘人员时打破思维局限、多方位寻找、吸收符合要求、具有创新潜质的人才,使企业人员整体的忠诚度与专业能力保持在较高水平,为发现和培养创新型人才奠定良好的人力资源基础。

其次要形成一套选拔人才和使用人才的标准,通过适当的考核与激励,促使创新型人才尽快脱颖而出,发挥其最大效能。

## ▶ 培养创新型人才

仅靠在企业里发现创新型人才或等待创新型人才自己出现是远远不够的,企业要有意识地培养创新型人才。

(1)要重视创新型人才的培养,增加相关投入。

"得人则安,失人则危。"只有获得创新人才,才能顺利开展创新事业。企业要保持危机意识,努力完善人才发展机制,加大人才开发培养力度。

(2)打造企业创新文化,在实干中培养创新人才。

建设创新文化,通过实际工作抓创新实践锻炼,通过各类交流会、协作攻关等方式不断推进创新平台建设,提高员工之间、部门之间的良性互动,提升业务能力,培养创新意识,形成创新氛围,激发创新潜力。

优秀的企业创新文化具有吸引创新型人才和助推创新型人才产生的强大作

用，构建创新文化需要注意以下几个方面。

形成优良的创新环境。"环境好，则人才聚、事业兴；环境不好，则人才散、事业衰。"要包容不同意见与不同个性，鼓励全员创新，树立人人都要创新、人人都能创新的思想信念，让创新成为每个人的一种工作习惯、思维习惯，打造一个绝不埋没创新、创新者永远排在最前、创新者无上光荣的舆论氛围与激励氛围。

给创新型人才更多宽容。给干事者鼓劲，为担当者撑腰，这对创新发展意义重大。创新本身就是一个试错的过程，企业要营造一个支持创新，宽容失败的创新环境，注意保持创新型人才的创新热情，最大限度地激发创新潜力。

信任、使用创新型人才。最好的培养就是使用，要打破论资排辈或责备求全的思维模式。对创新型人才的使用要"不拘一格"，要创新，要在使用中加大培养力度。

（3）构建科学的培训与学习体系。

构建专业化和职业化的培训与学习体系，根据变化，不断设计培训与学习的新方案、新策略。通过购买服务、在企业内跨部门交流等多种方式为员工提供及时更新、方便快捷、安全可靠的信息获取与学习通道，在思维方式、专业理论、实战演练等方面结合实际进行有针对性的培训。科学的培训与学习体系不仅能够在培训中发现和培养创新型人才，还有利于企业创新文化的建设。

### 实际案例

正泰自1993年起就倡导将企业建成学习型组织。1997年出资数百万元与上海理工大学合作成立正泰学院，培养机电一体化专业人才。并以正泰学院为依托，成立专门的培训机构——正泰培训中心，设置各种培训课程体系，经常邀请国内外专家学者来公司作学术报告和专题讲座，并多次把公司骨干送出国门接受培训，同时充分利用公司内部资源，聘请公司内部的管理专家和技术骨干为兼职教师，为员工开展多种形式的专业培训。正泰要求并帮助每位员工建立明确的职业发展目标和方向，为员工提供岗位轮换和竞聘晋升的机会，最大限度地发挥和培养员工的专业特长和能力，促进员工与公司的共同成长。

可以说在培养人才上，正泰走出了一条特色之路。如与南京航空航天大学达成战略合作办MBA班，与温州大学合办订单班。使高校能够为企业输送人才、定向培养，也为一线员工提供提升机会（学费由企业"买单"），真正地解决员工工学矛盾，提升员工学历层次。同时在物联网、大数据、低压电器、智能制造等领域展开多方位协同创新，在协同创新的合作中培养创新型人才。另外，依托正泰培训中心，自建培训师资队伍和课程，促进员工间技能和经验的传授。经过继续教育，以及企业自建的正泰e-learning（网络培训）系统（分职类、分层级自主开发800余门面授课程，员工可根据职业发展路径选择适合自己的课程），员工的视野拓宽了、理论水平提高了，一批人就会带动其他人，实现知识、技能与文化的传承。

人才是创新的第一资源。建设一支创新型人才队伍，主要是从转变观念、创新机制、创造优良创新环境等方面着手，为创新型人才脱颖而出搭建平台。要放手使用创新人才，营造鼓励大胆创新、勇于创新、包容创新的良好氛围，要在创新实践中发现人才、在创新活动中培育人才、在创新事业中凝聚人才，聚天下英才而用之。

## *3*  为创新提供更大的舞台和空间

企业要紧跟时代的脉搏，持续创新。多年来，正泰以打造全球一流品牌为奋斗目标，努力构建开放、包容的创新文化，形成了自己的一套创新体系。独到的创新文化是正泰不断实现超越的一大法宝。

在正泰的创新理念中，企业创新文化的基础保障是体制创新、机制创新。一直以来，正泰紧跟发展趋势的变化，不断调整和完善创新策略，坚持构建开放式的创新体系和宽容的创新环境，形成自己的创新文化。

正泰认为，企业要实现创新驱动需要具备三个不可或缺的条件：实力雄厚的创新平台、符合实际的创新策略、宽容包容的创新文化。

在具体的创新实践中，企业需要解决以下几个具体的问题。

▶ **问题一：企业通过什么方式进行创新，创新的途径或平台是什么？**

要立足于产品本身，聚焦产品品质打造创新平台，不断丰富创新模式。

质量是产品的灵魂、企业的生命。自创建以来，正泰秉持"专业化"思想，坚持"烧好自己那壶水"，在高中低压电器领域长期挖掘、深度挖掘，始终把产品质量和生产结构升级放在最重要的位置。正泰产品开发从"模仿跟随型"向"创新领先型"发展，不断完善产品的多级开发制度，着力开发专利产品、专利技术。设立研究机构，同时与大专院校、科研院所合作，推动产学研结合，不断整合社会科技研发资源，加大技术研发力度。

围绕产品技术创新的主题，正泰构建了多层次、开放式的创新网络，在集团内部设立了技术研发部和专业技术处，并以此为核心将科研、培训、开发整合成一条"技术创新链条"。目前，正泰技术研发已形成以正泰集团研究院、低压智能电器研究院、储能技术研究院、新能源技术研究院、输配电技术研究院、工业自动化技术研究院等18个专业研究院，同时还在亚太、欧洲、北美建立起三大研发中心，形成了一个全球化、多层次、开放式的信息网络和技术研发体系、科技创新链。

为推进产品技术进步与技术创新，加快研发产品速度，正泰出台相关科技研发政策。如出台《关于加快技术开发的若干规定》，明确规定按产业的不同属性，每年拿出销售收入的3％～10％用于科技研发，并且定期召开科技大会，重奖技术创新有功人员。

在正泰，最受尊敬的是科研人员。南存辉提出，要首先让科技人员成为百万富翁，甚至千万富翁。正泰集团采取期权激励等方式，让更多人才执有"恒产"保持"恒心"。截至目前，正泰集团共获取专利4000余项，并且在同行业中率先通过了一系列认证，多项产品通过了德国TUV认证、意大利ENEL2009认证、西班牙RD1663认证、金太阳认证、英国G59等众多国际权威认证。

在产品研发之外，正泰不断强化新技术新产品的质量检测。集团内部成立了各个层面的质量检验队伍，开展每年一度的"质量月"活动等。这些制度的设计保证了技术创新模式的有效运行，给正泰创造了越来越多的技术创新成果，创新成果在提升产品质量上得到充分体现。

为全力推进战略新兴产业，在杭州、上海、温州等多地建设科技孵化器，助推新兴产业跨越式发展。

### 实际案例

正泰启迪智电港：作为G60科创走廊"一廊九区"西端门户节点，构筑起以高端制造产业为核心，构筑起处处体现科创、人文、生态特色的G60科创走廊沿线产业新高地和科创产业新航母。截至2017年，正泰启迪智电港项目取得多项实质性进展，建设成G60科创走廊示范点，已有20多家企业相继签约入驻正泰启迪智电港。

温州启泰科技园：为打造产业集群和创新高地，正泰与启迪协信、浙南科技城进行战略合作，共同打造浙江省重大项目——"温州启泰科技园"（总投资金额达270亿），以集群式创新带动地方产业发展，以智慧生态新城吸引人才落户，依城促产。

正泰量测科技企业孵化器：正泰量测科技企业孵化器紧紧围绕培育

高新技术产业、战略性新兴产业和地方确定发展的特色优势产业，积极引进人才、技术、成果等各类创新资源。形成创新科技产业创新聚集群，引导产业发展，健全产业发展格局。积极加强技术、产业引进、注重人才培养，营造良好的企业发展环境。园区内研发的基于物联网技术、大数据技术、新材料的智能电能量测产品、智能燃气量测产品的技术水平国内领先。通过智能制造技术实现产业化，建成领先的技术研发平台、智能制造平台。目前已经有15家高技术企业入驻。

浙大中自科技园：浙大中自科技园位于杭州经济技术开发区（下沙），是正泰集团投资控股的新型自动化产业园，正在逐步形成一个以工业自动化产业为主，电子工程、计算机软件、通讯、科技培训等产业相辅的大型高科技园区。

此外，正泰还先后与西安市人民政府、宜春市人民政府、荣民集团、荣盛集团、通号集团、浙能集团、法国威立雅、协信控股集团、蒙电集团、恒逸集团等结成战略合作伙伴。立足现有的业务领域，创新业务模式，开展全方位、多层次、多方式的合作。助推产业发展，并进一步规范战略合作的运行管理。集团制定了"战略合作管理办法"，创建资源共享和创新协作平台。

正泰通过与同济大学、上海交通大学等科研院校建立科研合作，创建"创新实践基地"等，不断夯实、完善创新体系，提升自身科技创新能力。

▶ **问题二：创新坐十年冷板凳行不行？怎么把创新的这个冷板凳焐热？**

正泰通过30多年的实践，形成了一套自己的创新策略。

第一，技术创新以市场为导向。

要打造全球品牌，产品必须要有科技创新含量。但是创新是一条艰险之路，创新必须要先认清形势，把握节奏，南存辉对此有深刻的体会。

不搞技术研发,不行。要搞研发创新,外行。找来"海归"一通演说,听得你"云里雾里"。做,肯定会冒风险。不做,只能等着被淘汰。

现在讲产业要转型升级。往哪转?我们选择了光伏产业。我认为新能源这个大方向没问题,但要用平常心去做。假如我们太贪心,觉得机会来了,看都没看清楚就大手笔把全部资产投进去,很可能血本无归。新技术、新产业的机遇很多,风险也很大,这时候要量入为出,万一你失败了也能扛得住。做产业不是做短期投机,一定要有长期打算,不断投入,不断探索,既要大胆创新,又要稳步向前。

做光伏,我们请了很多国外专家,反复论证了五六年,请进来搞了四五年,我们花了十几亿元做薄膜太阳能。"海归"提了很多新技术、新思路,我们想,"技术路径上的事就听你们的吧"。没料到,民营企业对投资太阳能的热情太高,地方政府又积极鼓励,一下子把产能搞到很高,竞争异常激烈,后来硅原料的价格又一路下跌,全世界的光伏行业几乎都被颠覆了。我们的薄膜技术也逐渐丧失了优势。于是,我们赶紧刹车调整,从光伏电池制造转型到建电站,进行盈利模式创新。现在,我们从原先的单纯"卖产品"向投资"建电站、收电费、卖服务"转变,实现了由先进制造业向现代服务业转型,成为全球首家光伏系统解决方案提供商。

不创新会被淘汰,创新太快也可能成为先烈。正泰要时刻保持清醒头脑,要适度创新。(摘自南存辉讲话)

第二,创新要借势借力积极寻求合作。

企业创新不能依靠单打独斗,要打开大门,建立一个开放式的创新体系,要最大限度地利用各种资源,引入创新主体参与到企业的创新过程中,共同创新。

信息时代为企业建设开放式的创新体系提供了很好的机遇，企业可以通过对信息时代新技术的应用，快速建立自己的创新体系，将供应商、客户、研发机构等引入到企业的创新体系中，以形成对外部市场环境变化快速感知、快速响应，同时不断提高企业对市场的影响力。

**实际案例**

正泰新能源积极与正泰中自（正泰集团子公司）、上海新华控制（正泰集团子公司）、上海理想能源（正泰集团子公司）在大数据、云计算、物联网开展合作。2015年，率先推出O2O居民分布式光伏大数据监测服务平台。该平台做到全天24小时、全年365天不间断咨询和全天候大数据检测。在户用光伏运营商中，其监控规模已达行业第一。

第三，保持危机意识，耐得住寂寞，经得起考验，坚持创新，厚积薄发。

创新是企业保持发展的基础保障，创新不能懈怠。

南存辉曾用"龟兔赛跑"的故事自我警示："在龟兔赛跑中，兔子是输给乌龟的。我是属兔的，一直努力地奔跑。因为我知道如果遇到河流，乌龟比我有优势，我们必须先跑到河边想办法怎么过去。现在兔子必须要有危机意识，这样才不会自己被自己打败"。

创新也是寂寞的，要做好坐冷板凳的思想准备，避免急功近利。只有在创新的道路上坚持不懈，稳步前进，最后才能厚积薄发。

第四，鼓励全员创新有助于形成创新的文化氛围。

创新需要每一位员工的积极参与，企业内部应该彼此合作、交流，提高为创新服务的意识。同时，普通员工也是创新的资源和源泉之一，基层员工的创新能力也需要积极培育和鼓励，企业需要建立完善的培训与激励机制，激发普通员工的学习热情与创新热情，要给普通员工创新潜能提供充分的发挥空间，在这个过程中，还可以发现、培育一批创新人才。

第五，创新要以大项目作为抓手。

企业创新能力要通过实际工作来培育和检验，只有通过各种创新实践项目，才能积累创新的经验教训。

多年来，正泰依托企业技术创新项目，有效整合内外部研发资源，加大技术研发投入，努力在重大关键技术上取得突破，取得了一批专利成果和技术突破，夯实了企业创新的技术基础。近年，正泰集团积极推进方糖氢、边缘计算技术、IPV6、IPV9、区块链技术、压缩技术、边缘计算技术的应用，主要用在智能家居、智能楼宇与智能小区、油气管道检测、电能路由器、能量采集器、捷峰碳材料、物联网平台工程、制程自动化与专机改造等新技术项目研发，满足内部需求，同时还提供社会化的技术创新服务。

▶ **问题三："敢不敢拿一个结果难料的项目去申请研发经费？"**

企业研发经费都是有限的，而且企业科技创新产出与投入比很低。有报道称，硅谷天使投资的失败率达99%，可见，创新失败乃是常态。在企业中，创新者属于最孤独的一类人，他们甚至可能在别人眼里成为"失败"的代名词，这时候企业应该怎么办？这时候是给予惩罚还是给予理解、宽容和鼓励就成了一个问题。

"善败者不亡。"宽容失败就是鼓励创新。搞创新，没钱不行，但有钱没人也不行，企业要给创新人才以足够多的成长机会和发挥空间。多年来，正泰将宽容的创新文化作为创新的根本之道，同时不断完善各种创新保障机制。正泰的创新之路是痛苦的，但收获也很大。2015年，低压电器全面升级4个系列产品，这些产品在改革开放以前30年才能够更新一代，后来10年一代，但这次产品更新在400多个工程师的努力下，只花了3年时间，就把全系列推了出来，而且可靠性360多项专利全部通过，这是正泰30多年积累形成创新实力的有力体现。如果没有对失败的宽容，要沉淀出如此强大的创新实力是很难想象的。

南存辉说过:"创新,意味着风险,自主创新,意味着更大的风险。我们既要有激励成功的胆识,又要有接受失败的勇气,更要有尊重失败的胸怀!"

# 二
## 体系平台篇

> 企业如何实现产品和服务升级？什么是工匠精神，工匠精神的内涵是什么？如何认识"让听见炮声的人做决策，让看见炮火的人呼唤炮火"？企业如何培养人才，建立人才梯队？企业管理者应该在人才队伍建设中承担什么样的责任？

# 第6章 至臻品质

## 1 瞄准供给侧

企业认清供给侧改革形势,善谋发展,是企业持续对外提供好产品、好服务的一个重要保证。

关于供给侧,中央有这样的定义和论断。

"当前和今后一个时期,我国经济发展面临的问题,供给和需求两侧都有,但矛盾的主要方面在供给侧。比如,我国一些行业和产业产能严重过剩,同时大量关键装备、核心技术、高端产品还依赖进口,国内庞大的市场没有掌握在我们自己手中。""事实证明,我国不是需求不足,或没有需求,而是需求变了,供给的产品却没有变,质量、服务跟不上。有效供给能力不足带来大量'需求外溢',消费能力严重外流。解决这些结构性问题,必须推进供给侧改革。""供给侧结构性改革,重点是解放和发展社会生产力,用改革的办法推进结构调整,减少无效和低端供给,扩大有效和中高端供给,增强供给结构对需求变化的适应性和灵活性,提高全要素生产率。"

供给侧矛盾是当前经济发展的一个现实问题，解决这个矛盾要靠高质量发展。可以说，高质量发展已经成为当前经济进入新时代的一个重要标志，作为推进供给侧结构性改革的主力军，企业要深刻认识现阶段经济特征与市场发展趋势，积极参与供给侧结构性改革，这既是外部环境所迫，也是企业保持持续健康发展的内在需求。

企业参与供给侧结构性改革，首先要从生产端入手，重点是促进产能过剩的有效化解，推进产业优化重组，降低企业成本，发展战略性新兴产业，增加公共产品和服务供给，提高供给结构对需求变化的适应性和灵活性。简言之，就是去产能、去库存、去杠杆、降成本、补短板。具体来说，企业要"坚持质量第一、效益优先"，努力推动三大变革，即"质量变革、效率变革、动力变革"。

作为民营企业，正泰对于市场经济形势变化始终保持着深刻的洞察和敏锐的嗅觉。长期以来，正泰始终坚持以市场为导向的经营策略，始终相信市场机制的作用，积极应对各种挑战。根据30多年企业发展的历史经验，正泰认为挑战不可怕，挑战越大，机会越多。挑战对有品牌、有资金、有实力的企业来讲是一件好事。

南存辉认为，供给侧理论更多的是要通过跨界融合和科技创新，不断创造出新的需求。在供给侧改革的新常态之下，制造业要想实现精品化生产和结构性改良，需要做好四点。

（1）树立发展的信心，制造业要找准定位，做好科学的、长远的规划，抓住机遇。要把握好消费升级的趋势，加快高端化和智能化发展，推进生产制造自动化、流程管理数字化、企业信息网格化、智能制造云端化发展模式，积极探索电子商务、绿色节能环保产业、服务业、精深加工等领域。

（2）做好两个"坚定不移"，一个是坚定不移围绕主业创新驱动，二是坚定不移以人为本，价值分享，多搞股份制改造，激发创新主体的积极性。

当前新技术、新模式、新业态层出不穷，互联网应用、工业机器人等一大批新产业正在快速成长，企业务必要在技术变革的机遇期补齐技术和创新短板，要着眼突破关键技术，采用引进来与走出去相结合策略，努力提升企业自主创新能力，占据价值链高端，通过产品性能、品质的不断提升，塑造国际化品牌。

（3）通过并购整合推动企业走出去，真正融入全球市场，整合国际资源，实现全球化发展。积极策应"一带一路"，在"一带一路"建设大局中寻找机遇，开创地区新型合作，突出重点方向、重点国家、优先领域、关键项目。

（4）从产品性能、质量、服务等方面严格把关，推广精品工程，有效控制成本，最大限度满足市场需求。目前，国内高技术、高品质、精工艺的产品供给与市场需求之间仍有相当的脱节，企业要尊重市场变化，敬畏客户，大力弘扬"工匠精神"，积极建设敬业、精益、专注、创新的企业文化，练好"内功"，通过"工匠精神"实现提质增效，增强有效供给能力，提升国际竞争力，塑造品牌文化，引领市场需求。

"供给侧结构性改革为民营企业转型升级指明了方向，开辟了道路。"正如南存辉所说，"新形势下，正泰抢抓机遇，积极配合供给侧改革，主动谋求转型发展，努力由传统制造业向高端制造、智能制造升级，从产品思维向客户思维升级，充分利用大数据、互联网技术等现代技术，全力以赴将转型发展战略落到实处。"

"转型过程很痛，革自己的命很痛，但是必须要这样做。"转型所带来的成效和收获在几年前就已经令人欣喜。2015年，正泰智能高压业务增长20%，工业软件与系统集成业务增长30%，光伏业务增长近80%，电力电子产品在北美市场增长168%，国内外工程总包业务增长425%；研发方面，正泰一年投入研发费用达20亿元，取得了300多项专利，并在相关关键技术领域（如PECVD）打破西方长期垄断。

作为传统制造企业向绿色、智能、服务型的新型制造企业转型发展的一个典型，正泰具体是怎么做的呢？

第一，找准发展方向。

南存辉认为,"转型升级关键要看怎么转,绿色可持续,企业才能健康发展。"即把企业转型成绿色、智能、服务型的新型制造企业。

正泰的做法是积极布局新能源产业。目前,正泰已经在全球建设了200多座光伏电站,包括渔光互补、林光互补、农光互补等多种类型的光伏发电站。比如农光互补发电模式,是将农业和光伏发展结合起来,为农业种植预留出充足的生长空间,实现土地的多层次开发利用,既提升土地利用价值,又使农民增效增收,是一种新形式的土地综合利用方式。

**实际案例**

在浙江江山,正泰在荒坡地上建有一个6300亩的光伏电站,光伏板上太阳能发电,板下中草药种植,不占用任何的农用指标土地,也不破坏生态,对农村集体经济发展极具启示意义。

在智能化项目改造方面,正泰新能源自动光伏生产设备智能化入选工信部中德合作智能制造示范项目。在正泰新能源杭州智能工厂,指挥和执行任务全部由机器人完成,人只是设计和管理者。这是正泰从"制造"到"智造"蜕变的缩影。

第二,坚持不懈创新。

企业要适应供给侧结构性改革,最关键的核心还是要靠创新来取得竞争优势。"只有坚持创新驱动,加快转型升级,实现由低端向中高端的发展,才能在激烈的市场竞争中占据一席之地。"

"存钱不如存技术"是正泰多年来的坚持。正泰每年根据各产业的不同情况,拿出销售收入的3%~10%用于研发,高端装备研发费用更是高达50%。目前,正泰参与制订和修订的行业标准有120多项,获国内外各种认证近2000项、专利授权4000余项,自主研发的光伏背钝化ALD设备和高效异质结HIT-PECVD设备也处于国际领先水平,在光伏高端装备市场备受青睐。此外,正泰自主开发了基于云计算技术、超过 1000 万点、新型轨道交通综合监控云平台等。

第三，开展精品工程。

在坚持创新的同时，正泰更将"工艺出精品，精品出名牌"作为信条。在低压电器"昆仑"系列产品开发中，公司组建了 400 多人的专业团队，投入 1.5 亿元，花 3 年时间不断打磨升级。为一个产品，光模具就做了 800 多幅，为设计一个细节，仅方案就做了 36 套。整个系列产品经过 7800 多项可靠性测试，使之能够适应零下 35℃到零上 70℃的严苛环境，获得 360 多项专利，成为目前行业当仁不让的领先产品。

第四，打通全产业链。

正泰的转型正是抢抓机遇、主动调结构的过程。一开始，正泰只做传统低压电器，后来看准国家大力鼓励发展清洁能源的机遇，选择到太阳能光伏领域去深耕。用信息化技术和传统产业相结合，并通过海外收购，把海外先进的企业买过来，引进资源、人才、技术后深入融合。目前已经形成了涵盖发电、输电、变电、配电、用电的全产业链。正泰被专家认为是国内非常有影响力的民营光伏发电投资运营商。

第五，策应"一带一路"。

"一带一路"对国内众多企业来说，是一个"走出去"的最佳路径，是企业做大做强，成就品牌国际化的重要战略契机。正泰抓住这个机遇，努力推进自身的全球化战略。

为抢抓市场先机，2014 年 11 月，正泰在陕西咸阳建立的正泰电气产业园，通过生产、物流、商流、信息流的有机结合，使正泰产品和服务能够快速反应，在"丝绸之路经济带"建设中大显身手。

2015 年 3 月 8 日，正泰参与发起"绿丝路基金"，将致力于丝绸之路经济带生态改善和光伏能源发展。该基金将在未来 6 至 8 年，重点投资"一带一路"沿途国家生态光伏项目，预计产生 1000 亿元以上的投资价值，修复退化土地 130

万公顷，带动绿色就业 20 万人次。另外，由浙江省工商联牵头组织，以正泰为主发起单位，牵头联合 8 家不同行业龙头企业，成立 300 亿元规模的浙江民营企业联合投资有限公司（简称"浙民投"），关注并积极参与"一带一路"在内的重大项目投资与并购。

第六，做好"减法""除法"。

除了在高端化、智能化、绿色化、服务化方向上做好"加法"和"乘法"，正泰还在"减法"和"除法"上面做文章。具体方向就是把需求不足的产品、产能减下来，实现优胜劣汰，减少成本。从思想文化、机制设置、组织机构上消除阻碍企业发展的不利因素，消除呆人呆事呆物呆账，打通资源、信息通道，构建资源信息平台，充分优化资源配置，保持企业发展的速度与质量。

**实际案例**

以往每逢年底，正泰都会拼命生产，把库存塞满备用，但 2015 年公司下令不能压库存，要主动去库存，去产能。为什么？因为正泰"昆仑"系列新产品上市了，正泰"昆仑"系列产品实现了产品技术创新和未来智能制造适应性，保证了高可靠性和安全性，它将取代正泰传统产品。

南存辉始终坚持"产品总有生命周期"的观点。他说："产品总要经历导入、成长、成熟、衰退这样的周期。优秀的企业不等产品周期结束，就会不断地进行创新，升级产品质量，优化产业结构，甚至把相关的产业整合，形成系统产业链的优势。"所以，优秀的企业会海纳百川，整合全球资源，立足实际，持续提升产品、服务的品质。在这个过程中，一定要清楚能做什么不能做什么，不贪心，也不偷懒，脚踏实地，勇于创新，牢牢抓住供给侧改革带来的巨大发展潜力和机遇。

## 2 负责任地做好产品

不断实现产品和服务升级是企业的根本生存之道。

近年来,由于户用光伏环保需求的推动,以及光伏产业技术水平的不断提高、应用成本的下降等因素的推动,中国户用光伏发电市场渐热,户用光伏市场吸引了大量企业的涌入。大量企业的涌入有利于培养市场对于光伏产业的认知,扩大光伏产业的市场影响,但是另一方面由于发展过快,也带来了户用光伏开发企业良莠不齐,产品质量标准缺失、设计不合理、施工质量较差、并网慢、恶性竞争、虚假宣传、售后保障运维能力不足等问题,这些问题在一定程度上影响了户用光伏行业的健康成长。

针对户用光伏应用市场新的发展机遇和挑战,2017年8月30日,由光伏绿色生态合作组织(PGO)、全国户用光伏品牌推广联盟、北京鉴衡认证中心主办的"2017全国户用光伏应用经验交流会"在正泰新能源举行,业内300余位光伏大咖齐聚正泰新能源,探讨光伏事业健康快速发展之道,共建经验交流和资源共享平台。

交流会上,针对户用光伏标准化建设,正泰新能源户用光伏工程技术负责人陈圣金等结合正泰在户用光伏领域多年的实践经验,从企业标准角度提出了光伏与建筑相结合、光伏组件方针、结构评估与设计、居民电站防雷接地、计量电表箱设计等方面的要点进行了分析与建议,赢得了与会专家的高度评价。

会后,嘉宾们参观了正泰展厅与智能车间,正泰户用光伏产品生产现场给嘉宾们留下了难以磨灭的深刻印象。

业界广泛评价"户用光伏,中国看浙江,浙江看正泰"。作为户用光伏的标杆企业,正泰已经在实现这个梦想的道路上迈出了坚实的一步。自进入光伏产业以来,正泰新能源在户用光伏应用领域做了大量的实践和探索,不断创新产品、服务和商业模式，一些由正泰投建的重点项目，如衢州市龙游县芝溪家园，更是成为浙江百万屋顶光伏计划重点示范项目。

这样的成绩，正泰是怎么做到的呢？正泰新能源户用光伏负责人卢凯旗帜鲜明地指出，"行业要健康发展，需要企业从产品、质量、售后、保险、品牌等方面进行规范，解决市场乱象，提升终端用户在户用光伏使用上的极致体验感。"为了提升终端用户在户用光伏使用上的极致体验，正泰新能源对于户用光伏提出产品、质量、售后、金融、保险、品牌等6大保障措施，在6大保障中首当其冲的第一条就是产品保障。

正泰户用光伏产品的品质，可以直接从正泰光伏产品智能化制造水平上反映出来。

传统制造业的生产与检验模式，人为因素对产品质量的影响很大。比如，生产过程中员工的装配方法、技巧以及对物料质量的判定等，都会有所差异，检验员的检验知识与技能熟练的不同，都会对产品质量的判断产生影响。

自2006年进入新能源领域以来，正泰新能源就不断引进自动化的生产设备，不断对生产车间进行技术、工艺和设备的升级改造，生产与检测的自动化水平在不断提高，不断提高产品的生产与检测标准，努力将生产与检测过程中的人为因素对产品质量的影响降至最低。

2014年，正泰收购德国知名光伏企业Conergy旗下法兰克福（奥登）的组件业务，成为国内第一家并购海外光伏工厂的新能源企业。

德国工厂为正泰全球其他工厂的自动化提升和智能制造提供了很好的样本和经验。在杭州创建的中德智能制造基地作为升级版的智能工厂，在硬件设备、生产工艺、工业软件等方面都展现了智能制造的强大动力，开创国内多项光伏组件先进制造水平。今天，如果走进正泰新能源的智能生产车间，你已经看不到生产工人，你能看到的员工也都是负责监控的技术人员，生产工作流程全部由智能化的机器人操作完成。

此外，公司又进一步在海宁建立透明工厂，成为业内唯一向全球用户彻底开放的"光伏制造＋互联网"透明工厂，为国家在"中国制造＋互联网"战略推进中发挥重要的示范引领作用。

正泰新能源产业依托集团 30 多年深耕市场的深厚积累，迅速形成发、输、储、逆、变、配、用于一体的全产业链集成优势，成为分布式光伏行业第一家具备核心部件全自产自营的领先品牌，成为具备系统集成和技术集成优势的能源解决方案提供商。这样的产品优势无论是从价格、兼容性，还是从后期装配、维护上都是业界难以比拟的。

正泰新能源从设计、选材、制造、检验、运输、系统安装、工程监理、工程验收实行全过程质量管控，并且通过了 ISO 9001、14000、18000 质量体系认证，为每一个户用家庭提供标准化的质量保证。打造组件、逆变器、电缆、电表箱等全套原装制造系统，采用自主研发 PERC（背钝化）技术及设备，正泰新能源成为首家生产高效多晶组件的企业。正泰新能源先后荣获中国光伏电站"商业成就大奖""优质工程大奖""中国户用光伏系统十大品牌奖""十大民族品牌奖"等奖项。

凭借正泰智能自动化的升级，通过对电池片的质量提升和车间工艺的细节改良，正泰组件更加凸显其德系品质优势，正泰组件销往全球 40 余个国家，是行业首家通过 IEC TS 62941 认证的企业。智能制造、慕尼黑再保险、全球认证为正泰产品加油助跑，DNV GL 顶级组件商、PHOTON "铁人三项"报告一度蝉联综合排名第一，全面领跑，更有 30 余项严苛测试确保耐跑 25 年。

目前正泰全球累计投资建设光伏电站 3500 兆瓦，光伏组件产能达到 2500 兆瓦，居民屋顶电站安装量 4 万余户，是国内具有极大影响的民营光伏发电企业之一。

正泰户用光伏取得了令人刮目相看的成绩，吸引了大量前来取经的同行，以及前来寻求合作的客户。

2017 年 11 月，正泰户用光伏百镇万村"新能源示范镇"创新交流会启动，正泰杭州智能工厂里迎来一批又一批与众不同的客人。他们是来自杭州、宁波、温州、金华等地的普通居民，他们到正泰的目的都是想了解一件新鲜事——户用光伏。

在"正泰世界"展厅及正泰新能源杭州智能工厂，来自瑞安的张女士很忙碌，她一边认真地参观、听讲解，一边玩起了网络直播。线下，张女士是户用光伏的居民用户，线上，她则成了光伏产业的"网红"主播。

"这里的每一块光伏电板都有在线激光二维码——'身份证'，上面加载了20多道生产工序信息，不仅可以个性化定制生产，还可以全程追溯。"站在"智能工厂"里，张女士侃侃而谈，直播镜头对准生产线上有序作业的机器人，让万千网友将智能化、精细化的生产流程看得一清二楚。

张女士说："之前大家只知道屋顶上装了正泰户用光伏，能发电还能赚钱。今天看完展厅和车间，才知道正泰的光伏产品科技含量这么高。"

同年次月，"2017中国户用光伏品牌巡回展览会"（浙江站）在杭州举行，众多光伏大咖齐聚，交流探讨户用光伏发展经验。正泰新能源以各式"黑科技"，打通互联网、云计算、大数据、物联网与高端装备制造业，赢得与会嘉宾的点赞。正泰新能源同时对外发布《优质户用光伏白皮书》，该份《白皮书》从设计、选材、制造、检验、运输、系统安装、工程监理、工程验收等全过程质量管控等方面，全面介绍了户用光伏用户选择优质屋顶电站的标准以及安装注意事项，逐一回答了用户关注的相关问题。大大降低了用户被不良商家误导的风险，同时也努力避免同行在户用光伏项目上减少或者消除较常出现的遮挡问题、安装精度差、电气和结构安全存在的隐患等问题。

标准化制造，亦是推动光伏产业融合发展的关键所在。"户用光伏开发企业良莠不齐，产品设计质量标准缺失，售后保障运维能力不足等现象，成为当前户用光伏行业的痛点。其核心问题在于，户用光伏的建设尚无标准可依。"正泰新能源相关负责人表示，在中国标准化协会太阳能应用分会指导下，正泰联合行业领先企业和机构，发起户用光伏标准化联盟。

临安市锦城街道的黄先生是正泰户用光伏产品的忠实用户，他介绍他家是整个村子里装机容量最大的一户,"说实话当初也犹豫过,最担心就是质量和售后问题,小品牌不敢买,所以专门选择大品牌,正泰的牌子我们是知道的,牌子硬,东西好,亲身体验后,就更放心了!"

对于要连续发电25年的户用光伏,产品质量过硬永远是第一道保障。

## 3 人人都是"大工匠"

中国民间一直有"三百六十行,行行出状元"的说法,从文献记载来看,中国人的工匠精神可谓是当今世界工匠精神之鼻祖。

中国工匠精神创造了许许多多令人叹为观止的传奇,远的如技艺精妙绝伦的木匠鼻祖鲁班,又如《庄子》中记载的"游刃有余""技可进乎道,艺可通乎神"的"庖丁解牛",以及欧阳修笔下的《卖油翁》的绝技等。近的如原北京市百货大楼售货员、全国著名劳动模范张秉贵,苦练售货技术和心算法,练就了令人称奇的"一抓准"和"一口清"技艺("一抓准"是指一把就能抓准分量,客户要半斤,他一手便能抓出半斤;"一口清"则是非常神奇的算账速度,客户分斤分两买几种甚至一二十种糖果,也能一边称糖一边用心算计算),此外,张秉贵在作为售货员的30多年的时间内接待客户近400万人次,却没有跟客户红过一次脸、吵过一次嘴,没有怠慢过任何一个人。又如原上海第一百货商店呢绒柜营业员、全国劳动模范马桂宁,他对布料、衣服的把握可谓"登峰造极",成为"一看准"大师("一看准"是指找他买布,"不用尺子,用手一比就知道买多少,多了浪费,少了不够,一分一毫,一点不差")。

可以说,中国工匠精神一直存在,而且一直存在于无数的普通人中间。中国工匠精神所展露出的技艺高度、精神高度与智慧高度,成为中华文明独特而重要的组成部分。今天,我们要把工匠精神作为一种文化、一种价值、一种品格加以肯定和弘扬。

对于现代企业来说，工匠精神不仅仅是一个企业经营理念的反映，也是一个企业综合实力的展示，更是一个企业持续发展的依托。在企业中打造与弘扬工匠精神既是时代要求，也是企业自身发展的需要。

企业要打造与弘扬工匠精神，需要从企业文化的角度来加以引领和塑造。首先，我们要充分认识什么是工匠精神，工匠精神的内涵是什么。

(1) 工匠精神是一种敬业精神，是一种热爱工作、专注工作的精神。

(2) 工匠精神是一种高标准、高要求，它代表着一种高度，是一种精益求精、追求极致的精神。

(3) 工匠精神还是一种创新精神，是一种渴望突破、追求革新、不满足于现状的精神。

为打造与弘扬工匠精神，正泰提出"人人都是大工匠"的理念，号召人人都要热爱工作、专注工作，号召人人都要严格要求自己，不断超越自我。"苟日新、日日新、又日新"，每天都要成就一个崭新的自己。

一直以来，正泰力求将工匠精神注入企业行为的每一个细节，努力将精益求精、追求极致的精神贯穿于企业经营管理的全过程，不遗余力地从原材料的采购、生产流程的改进、质量的管理等环节不断提升产品质量，全力以赴为客户提供"具有工匠精神的产品"。

**实际案例**

作为生产能源量测产品的正泰仪表公司（正泰集团子公司，简称正泰仪表），创立20多年来便将工匠内涵植入品牌，树立了一种对工作执着、对所做的事情和生产的产品精益求精、精雕细琢的精神。2016年，正泰仪表在国网公司电能表及用电信息采集系统招投标中再次实现"三连贯"，这便是对这种精神的诠释。

"自己近30多年经营的心得,尤其是像仪器仪表这样的制造业,做企业不仅追求百年老店,更重要的是要不断去传递正能量,传递一种精神——耐心、专注、坚持,分享这种追求幸福的文化,创造爱、分享爱、传播爱。"正泰仪表公司原总经理施贻新这样叙述自己几十年来的经营心得。他喜欢称自己为手艺人,他认为一个好的手艺人就是要为雇主做好活、多干活,专注于自身硬功夫的修炼,而不是满街吆喝作秀。

为了提高产品质量和产能,公司引进精益生产管理专家推进精益生产,建立了以研制智能制造装备及自动生产线为目标的装备制造部,专注研发制造智能单元设备。信息部门自主开发智能电表生产过程信息管理系统。在硬件方面,本着一流的设备生产一流的产品的理念,投巨资实施不停产技术改造,优化工序流程,坚持生产条件的升级改造。为实现生产过程逐步以机器代替部分人工、提高生产效率,减少人工干预、降低制造成本,2010年开始,公司每年投入千余万元资金进行生产自动化装备的升级改造,实现智能电表千万台年产能的扩充工作。花巨资引进在线自动光学检查系统等质量监控设备,实现电子式电能表最核心部件线路板的检测由事后控制变为事前检测,解决了因人为误判返工,将质量把关控制设在生产制造前端,有效杜绝低级质量事故,建立起业内领先的试验与计量室,购置数条贴片速度更快、效率更高,贴片精度一流的SMT生产线,有效地提升公司产量和质量保证水平。智能电表制造部所有车间采用环氧树脂防静电自流平地面,防静电效力持久等特105 Ω~109 Ω,符合国标GB 6650—86A级标准,确保快速排泄电荷,避免静电荷聚集,解决了静电对电子元器件的损伤。

以法国电力公司对候选供方提出智能电表生产全过程自动化和信息化要求为契机,公司加快了生产过程自动化和信息化的进程。投入巨资引进了知名公司的PLM产品全生命周期管理系统,与HP公司合作引进SAP系统,自主开发了MES生产过程控制系统等系统软件,自制或引进了 SMT、AOI、FCT、自动制造与检验等装备，建立了满足 RoHS 指令要求的生产线，逐步实现了产品全生命周期的质量可追踪。通过对公司分散系统的整合与替换，形成以 SAP 为核心，PLM、MES、OA 等为包围且紧密集成的信息化系统。结合生产管理技术的提升，实现了公司"销售订单管理""采购管理""仓库管理""生产管理"的信息化，并使核心业务系统之间形成相互关联，使核心业务数据更有效在各系统之间进行流转。为此，2015 年，公司成为工信部全国首批通过两化融合管理体系评定的唯一一家温州企业。

正泰不断用自己的实际行动向世界展示着自己的工匠精神，全力以赴为客户提供"具有工匠精神的服务"。

**实际案例**

正泰集团旗下上海诺雅克电气有限公司（简称"诺雅克电气"）一直致力于智能化低压电气系统解决方案的开发和实践。为客户提供安全可靠、绿色节能的产品及智能易用的系统解决方案，全面满足各类机械配套行业的应用要求。基于这样的信念，诺雅克电气依托正泰强大的产业体系，经过卓绝的努力，汇集了诺雅克电气全球三大研发中心尖端的电气科技技术，通过极为严苛的高端测试，于 2017 年面向全球推出了 WisePRO 朗智系统解决方案。

WisePRO 朗智系统解决方案成为诺雅克融汇智能电气发展的最新理念和最佳实践。针对电力、建筑及机械配套三大行业精心打造的智能化电气系统解决方案，展现了诺雅克电气更强大的科研实力，传递了更透彻的市场战略分析，展示了更自信的电气管理系统方案的竞争力。

企业的工匠精神归根结底是企业中"人"的精神的反映。可以说,企业的工匠精神可以说是企业家精神的一个重要内涵。

作为一位企业家,南存辉常常提醒大家要依靠科技创新、树立工匠精神来提升企业的品牌价值。多年来,正泰从企业发展的战略层面,将培育工匠精神作为企业文化的顶层设计内容给予高度重视。正泰通过各种培训,以及知识竞赛、技能竞赛、质量月等实践活动,培育员工精益求精、不断超越、团结共进等职业素养,在企业中涌现出一批又一批具有工匠精神的优秀员工。

### 实际案例

2017年3月,首届寻找"浙江制造"大工匠活动圆满收官。经过近三个月的征集,共收到自荐或推荐候选人105人,总票数突破2655万,个人最高得票达123万,选出20位"浙江制造"大工匠与10位人气工匠。来自正泰电器工业化部的喻艳梅是20位"浙江制造"大工匠里唯一的"女汉子"。

工作中,喻艳梅每天要面对成千上万的图纸线条,被人称为"鸡蛋里挑骨头"。例如在一次与车间生产人员的例行交谈中,喻艳梅了解到公司主打的一款塑壳产品,其模具设计的注塑生产周期为18秒,通过生产实际操作验证,存在可以提升生产时间的可能。为此,喻艳梅立马回到办公室找到这款模具的设计图,拿出来仔细琢磨,并与同事、领导探讨改进的细节。通过多个月来的优化与验证,这款产品的注塑生产周期被缩短到了14秒。

工匠精神不只是在工程师身上可以体现,在一线销售人员身上也同样可以体现。

## 第6章 至臻品质

> **实际案例**
>
> 阮立维，2003年进入正泰中自，2010年进入水行业部从事销售工作，连续多年获得"销售明星""优秀员工"等荣誉称号。
>
> 记者：在您看来，销售有成功的秘诀吗？您在销售过程中，和其他销售人员相比，有什么独门秘籍吗？
>
> 阮立维：我觉得做销售没有捷径，就是要做到勤快。客户要勤联络，做事要勤快，行业新闻动态要勤看，总结起来就是一个字："勤"。
>
> 记者：从您的经验来说，专家型的销售人才对销售会起到促进作用吗？具体有哪些作用呢？
>
> 阮立维：有作用，而且作用还很大！特别是像我这样口才没有、人脉没有、个人魅力也不行的，见到客户只能聊自己擅长的东西。技术上让人信服了，至少能让客户对你有个印象，能给你个参与的机会。（节选自《阮立维：他有销售秘籍吗》麻会会/文）

工匠精神在正泰普通一线操作人员身上也有很多表现。

> **实际案例**
>
> 正泰仪表零部件制造部的生产计划执行科长苟建军一直供职于正泰仪表，先后从事过普通一线操作工、过程检验员、检验科长、生产计划执行科长等岗位。十多年来，他在自己平凡的岗位上干一行、爱一行、专一行，不论做什么工作都勤奋好学、刻苦钻研、敬业爱岗，一步一步成长为一名称职的生产计划执行科长。
>
> 苟建军常说：若想要人服你，你就必须有过硬的真本事。苟建军经常会把各种机器运维专业书放在自己的身边，在工作过程中"碰壁"

时,他会主动向工艺人员、现场操作人员请教。功夫不负有心人,很快就把整个制造部的生产流程、生产节拍、规章制度等啃了个透,最终成长为一名称职的生产计划执行科长。(节选自《苟建军:职场"白骨精"》董华师/文)

正泰认为,企业的工匠精神建立在员工对企业价值观认同的基础上。因此企业需要在内部形成一种文化与思想上的共同价值观,才能培育生命力强大的工匠精神,才能真正从设计、研发、生产、销售等各个环节融入匠心,打造出真正的"匠心产品"和"匠心服务",最终不断推动客户对企业的品牌认知升级。

要树立工匠精神榜样,形成重视匠心人才的文化氛围,使工匠精神成为企业内所有人共同的价值取向和精神追求。教导员工改变不正确的工作态度与工作习惯,引导员工真正热爱工作岗位、享受工作过程、珍惜工作成果,使员工在企业工作的每一天都能体会热爱工作、用心做事的快乐,通过企业中一代又一代"大工匠"们的言传身教,不断把工匠精神发扬光大,传承和传递下去。

# 第7章 技术创新

## 1 从产品设计开始

产品设计对于正泰来说具有特殊的意义。

在正泰看来,产品设计既是产品质量的内容,也是保证产品品质的第一步,甚至对产品品质具有决定性作用。所以,正泰对于产品设计的要求是极为苛刻的。

**实际案例**

1999年的一天,正泰集团质量保证部陆续接到用户投诉,反映所属几家分公司和成员企业一些产品不合格。一向好脾气的南存辉很生气,让办公室通知生产、技术、管理部门和分公司经理等几十人,立即召开质量整改会议。会上,相关负责人解释说:"这是客户不会操作造成的问题。""经过对比试验,产品在柳市是最好的。……"南存辉怒斥:"不管是什么原因,客户永远是对的!你别说什么柳市最好,我们要争创世界名牌,衡量标准是最高的!客户不会操作,为什么不完善设计让客户更好操作？"

会议当场宣布，三家企业停止销售问题产品，集团销售中心的存货全部退还厂家，已经发往全国各地销售公司的产品全部召回，来往运费及一切损失全部由各生产厂家自行承担。

多年来，正泰始终把产品设计作为保证产品竞争力的第一要素。特别是随着时代的进步，在网络信息发达的今天，客户对于所购买产品的要求和期待越来越高，对于产品美观度、便捷度、新颖度等的衡量标准也在不断延伸。在这种情况下，产品设计对于避免同质化竞争，对于突出品牌实力显得越来越重要。为此，正泰明确指出"产品设计要以客户为中心"的设计理念，其内涵如下。

▶ **产品设计要追求一种视觉效果**

正泰认为没有好的外观设计的产品决不能够称为精品。

产品的外观首先体现了产品的"匠心"，当一件精美的、极具"匠心"的产品呈现在客户面前时，能够令客户第一眼便产生愉悦感。

正泰的产品外观设计，一般是在进行大量市场调查的基础上，以引领潮流的视角和魄力进行开创性的设计，力求做到给客户以美的视觉感受，力求达到客户在第一眼便能够对产品"悦于目、赏于心、记于心"的效果。

### 实际案例

日常生活中，墙壁开关插座看起来并不起眼，作为建筑电器行业的著名品牌，正泰电工（正泰集团子公司）却在这样不起眼的小物件上大做文章——推出设计美观、功能强悍的2H系列开关插座，以满足家装市场对墙壁开关、插座提出的高层次要求。

正泰2H系列开关的无边框大面板设计，整块面板就是开关的按键本身。这样的造型非常的简约大气，现代感十足，年轻人非常喜欢。

同时正泰2H系列开关插座标准款共有三款不同材质和色彩的搭配。象牙白采用光面处理，简约自然；细磨砂面的香槟金色及金属拉丝工艺的拉丝金面，更适合大气，奢华的家居风格。三种不同的色彩和质感，让这组开关插座可以与多种装修风格相搭配，通过一个小小的开关，提升墙面的协调和美观度。

其实，正泰2H系列这种极简边框线条的设计不仅仅是为了美观，其实还暗藏了"一体化多联边框解决方案"的小心机。这样设计的边框，使得这个系列的任意开关都可以无缝连接。搭配正泰2H系列丰富的可选品种，用户可以根据自己家庭的需要任意安装组合，整体效果自然流畅，简约大方。

2017年年底，正泰电工推出另外一款设计更加大胆、巧妙的产品——NEW2V曼哈顿系列开关插座。

该系列开关插座采用"折纸"设计，并融入了大面板无边框设计，使墙壁开关插座显得灵动轻盈。简单的线条，使空间层次感更为丰富。此外，精雕细琢的面板，经过折射，也能彰显出用户的不俗品位和对生活的从容自信，"美的生活"极致呈现。

用心皆在细节。

一般来说，产品的外观设计是一家企业实力的直观反映。有实力的企业往往通过对产品外观植入设计创意来升级产品，提高产品竞争力。

▶ *产品设计要追求一种使用效果*

产品设计与产品质量直接相关，甚至产品质量的70%～80%是在设计阶段确定的。因此，一直以来正泰在产品设计环节中严格进行质量控制。

### 实际案例

作为一家具备总包服务能力的输配电整体解决方案供应商，正泰电气（正泰集团子公司）深刻认识到输变电是个特殊行业，关系着千家万户的生命财产安全，这就决定了所有产品必须严格满足用户的质量要求。

设计作为产品质量形成过程的重要环节，如果出了问题，即便后面的制造环节无差错，用户的满意程度也将大打折扣，由此造成差错或缺陷的纠正成本也将大幅度上升。该如何降低由于公司设计失误造成的质量问题比例？

公司站在 ISO 9000 的角度，将设计重点工作放在"管因素、管条件"，通过设计输入的持续改善，从而达到一个比较好的输出成果。具体实施：通过设计失误改善方案标准化程序的建立和推行，明确责任，同时加强监督和检查。

针对设计存在的问题运用一定的工具方法，比如头脑风暴法、直方图等逐一加以分析，认真寻求原因，建立正确的对策措施并持续加以改善，把设计质量问题降下来。

根据公司产品线较长、同时新产品开发本身隐含着一定的风险因素，加上部分产品线技术人员流动性较大、设计质量监控相对较弱的实际情况，出于防范和化解相关风险的需要，公司新增设计质量保证岗，期望从设计源头上改进和提升设计质量，并通过大家卓有成效的工作，把相关风险压缩在可控范围内。

质量管理部除了同各事业部、产品线共同制定与完善设计质量工作改善规则以外，重点还将放在检查和监督上，并据此发表自己独立的意见和建议，协同解决设计质量问题。

正泰把产品设计师放在产品质量责任人和监督人的位置上,这在业界属于一项创举。

优秀的产品设计除了要对产品质量予以保证,还要超出用户与回到用户。企业产品设计要站在客户的角度,想客户之所想,把客户的潜在需求挖掘出来加以满足,打造精品,给客户惊喜。

### 实际案例

2017年9月15日,秉承"精致+智能"的理念,正泰天狼星智能监控产品正式在京东众筹平台上线。

正泰天狼星智能监控摄像头拥有720p全高清模式,有效保证监控画面的清晰度。此外,在同等清晰度标准下,正泰天狼星智能监控可节省近一半流量,兼顾高清与流量的好监控。

正泰天狼星智能监控摄像头具有红外夜视功能,有效夜视距离可达10米。即使在漆黑的夜里,画质依然清晰,让夜间不法行为暴露无遗,可全天候有效监控办公场所以及家庭异常动态,拒绝危险在夜间靠近。

正泰天狼星智能监控摄像头可实现全景监控,水平可视角度355°,垂直可视角度达-10°~75°,能最大限度减少拍摄死角,并对异常情况作出迅速反应。此外,它采用的人体侦测智能算法,能够有效避免因物体风吹草动导致的频繁误报现象,如侦别为异常动态,它将实时录制异动视频,并快速将警告推送至手机,时时守护家庭安全。

正泰天狼星智能监控摄像头支持智能手机、平板远程查看和调整镜头角度,家中有老人和宝宝的,可以在手机上实时查看他们的动态,给他们全天候的守护,它自带喇叭、麦克风、智能双向语音功能,让你在观看视频同时,可以随时与家中亲人进行对话交流,给家人一份特殊的"陪伴"。

正泰天狼星智能监控产品贴心设置多种隐私保护模式，主人可以根据自己的需要设置地理围栏、定时管理和一键关闭等模式，保护隐私。

现实中，有很多客户想要某种更加符合实际使用情况的产品，但并不知道自己到底想要什么样子的产品。企业作为产品设计方就需要有能力向客户提供满足客户需求的产品解决方案并加以消费引导，只有通过对用户的心理需求和行为方式的深刻理解，才能拓展产品的新功能新特性。从更加完善的功能设计、更加友善的交互设计来增强产品的人性化和个性化，才能够有效提升客户体验。

## ▶ 产品设计要追求一种品牌效果

正泰认为，产品品牌意味着企业在客户心目中所处的地位。可以说，打造自己的品牌形象，从正泰诞生之初就是坚定不移的信仰和追求。

1984年，企业初建之时，为了请专家指导企业生产，南存辉多次到上海去请已经退休的老工程师，老工程师问他："你是要票子还是牌子？"南存辉果断回答："要牌子！"

对于正泰，企业坚持自主品牌首先就要在产品设计环节体现、落地与表达。

几十年来，南存辉一直坚定地维护企业品牌的独立性，在各种诱惑面前毫不动摇。

过去三十多年间，南存辉坚守"争创世界名牌，实现产业报国"的企业理念，多次拒绝国外知名公司的收购，哪怕对方是以正泰总资产5倍至7倍的价格收购正泰也毫不动摇。

南存辉认为，中国是制造业大国，但却是品牌小国。很多国内企业因为没有自己的品牌，利润大部分被国外知名企业拿走。

因此，南存辉认定，正泰必须着力打造自己的品牌。

多年以来，正泰始终把产品设计创新作为企业创新和维护企业品牌形象的重要一环。

> **实际案例**

设计方面，正泰电工拥有集研发、开发、维护于一体的产品开发体系，率先引进业界领先的工业设计理念，广泛采用国际先进的CAE计算机高效仿真技术，首创了以企业为主体、产学研相结合的正泰——高校联合工业设计中心及工程中心。为纵深推动"产、学、研"项目，2009年6月，与西安交通大学电气工程学院正式启动了CAE合作项目，进一步强化了正泰电工在墙壁开关插座关键技术方面的核心竞争优势。此外，还先后与美国GE工业设计公司、浙江大学现代工业设计研究所等知名学府与机构合作。以"安全、节能、环保"为研发主导方向，以社会责任为己任，致力于开发节能、环保等高新性能产品，奠定了正泰电工在行业内的品牌地位。

好的产品设计必须能够传递强烈的品牌感，给用户留下品牌烙印。

> **实际案例**

上海诺雅克电气为Ex9M产品创新设计方案，针对产品内部构架特点，进行全新的人性化创新设计。立体、错层的设计手法，使得整个产品在视觉上产生很强的冲击力，层次分明，操作简单。同时这种设计加强了整个产品的科技感，给人以专业、稳固的企业品牌形象，既满足了客户需求，也体现了品牌个性与品牌差异性。产品整体形象设定是高档的、革命性的、国际化的，产品形态富有张力与亲和力。因此，Ex9M产品一举荣膺设计界奥斯卡之称的德国红点大奖（Red Dot design award）——"产品设计奖"。

"设计就是生产力。"在竞争日益激烈的背景下，设计在产品创新体系中发挥的作用越来越重要，特色鲜明的品牌设计形象既能实现对产品进行统筹规划，也能有力提高产品竞争力，提升企业品牌形象。正泰通过对产品由内而外的全面把控和规范，有效实现了产品附加值的提升，形成品牌壁垒，有效实现企业市场地位和形象的提升，实现产品的品牌影响与品牌传播效果。

以设计提升企业品牌价值，还需要建立适应时代发展、适合创新思维的组织模式，完善设计交流平台，从多个层面促进产品创新的发展。

**实际案例**

2008年8月11日，首届"正泰电器杯"工业设计大奖赛拉开帷幕。

大赛由上海工业设计协会和正泰电器股份有限公司联合主办，并由多所重点高校协办。

举办大赛旨在响应国家自主创新的发展战略，创造"设计立国"的整体氛围，提高低压电器行业的工业设计水平，加大低压电器行业自主创新能力，提升低压电器品牌竞争力，发掘优秀的工业设计师团队，向世界看齐，走中国创造的新路。

"正泰电器杯"工业设计大赛尊重设计价值、提倡设计实践、推动设计发展，促进设计人才与企业之间的有益互动，加强正泰品牌的影响力。为了提高正泰产品的竞争力，增强企业的自主创新能力，其中一个重要环节就是设计的创新。因此，通过举办大赛得以充分认识到设计的价值，顺应时代的潮流，满足客户新的需求，不断为全球的客户提供满意的产品和服务。

## 2 创新的三个支点

正泰将大数据、产业政策、金融体系作为推动企业创新、促进转型升级的三大支点。

▶ **创新的第一个支点——构建"一云两网"大数据**

2016年,万众瞩目的"人机围棋大战"——谷歌围棋程序AlphaGo对决韩国高手李世石,最终机器人战胜了人类。这一场人类与智能机器人的对决可以说拉开了智能时代的帷幕。

人工智能为什么发展这么迅速?这主要是因为现代智能研究以大数据为基础。因为有了大数据,以前很多难以解决的科学难题突然之间变得豁然开朗,"柳暗花明又一村",智能领域开始爆发式成长。比如语音识别、图像识别、无人驾驶汽车技术等研究都在突飞猛进,很多已经开始进入实用化阶段。

正泰深刻认识到,作为智能时代的引领和下一波产业革命的基础——大数据,能够给企业带来更多、更准确、更高效的决策支撑。而如果没有大数据作为决策的基础,企业未来很可能在颠覆式的产业革命中落伍乃至被淘汰。因此,正泰努力向大数据领域探索,提出打造"一云两网"的战略构想(即一朵云,集合正泰智能制造、智能产品、智能电站、智能电网等,通过运用物联网、云计算、大数据分析技术等一体化架构设计,提供多层次的云应用信息化服务。两张网,即正泰工业互联网和正泰能源互联网)。

正泰的信息化建设从1993年开始,2003年正泰投资5000万元,启动以打造企业核心信息系统为目标的"数字化正泰"重大系统工程,2015年正泰成立专门的大数据部,其"数字正泰"蓝图正徐徐展开。

**实际案例**

在杭州滨江2400多平方米的"正泰世界"展厅中,一面由12块显示屏组成的"数据墙"便是正泰最新的数字化服务平台展示。这里,也成了时下正泰接待来宾,操作演示大数据的"保留"节目。接待人员一边介绍,一边点击主控台,向宾客展示如何通过数字图表解读"大正泰"。在这面长486cm,高204cm的显示大屏上,正泰集团旗下各产业公司的经营状况都能通过数据图表直观地反映出来,并让人知晓其代表的数据含义。从应收账款到预算分析,从销售额统计到利润成本分析,每一个数据都在实时跳动。此外,接待人员还会告诉宾客,只要拿出手机,打开拥有同样数据信息的"数字正泰"APP,公司管理层就能随时查看旗下十几家公司所有的销售、财务、人事、行政、采购等实时数据。而在此之前,若想了解这些终端信息则需向业务部门下达指令,再由各个部门从下而上逐级整理汇报,等拿到信息时,往往已经滞后了。

"近年来,大数据正在'化大为小',变身一个个APP软件,一个个终端,与人们的联系也越来越紧密。"正泰大数据部负责人孙钦辉介绍,"从数据驱动管理、数据驱动技术研发、数据驱动生产到数据驱动运营,再到数据驱动战略,正泰一直致力于成为一家数据驱动型公司。"

孙钦辉表示,正泰大数据部的成立,意味着正泰大多数的决策都将有数据可依,用数据说话。

"正泰大数据部共有18位成员,分项目管理、数据分析及技术研发三个模块。每一个产业公司的加入,我们的同事都将进行一轮轮复杂的流程测试和技术开发。从产业公司的技术调研,到数据评估后的项目计划制定,再到技术开发、测试及培训,最终上线,后续维护。每一个公司加入数字正泰后,都可以完成从数据到大数据的变革。"大数据部经理周舟,给记者描述了一个产业公司加入"数字正泰"所经历的步骤。
(节选自《正泰大数据:从0到1之路》邵玲丽/文)

如果把大数据比作一座金矿,那么正泰已经站在了这座金矿上,并且已经尝到了甜头。

> **实际案例**
>
> 原本财务数据需人工提取并导出,一般以 excel 的形式进行展示,通常拿到的都是延迟性的数据,而原本需要两天才能得出的数据分析,现在通过数字正泰基本半天内就能完成。除了效率的提升,另一方面的优势则体现在数据的严肃性和准确性。目前销售财务最核心的模块包括应收账款、费用、库存及收入。这些原本需要在不同模块才能查询的信息通过人力制作会导致高层决策信息的滞后,从而增大误判信息的概率。而与大数据部合作以后,他们提供的信息极具智能化、深度化,对业务部门来说是个极大的提升。
>
> 章冰蕾是正泰电器市场部数据分析与计划管理经理,对此她有更为深切的体会。她在参加大数据部为正泰昆仑系列新产品做销售分析报告的间隙告诉记者,以往制作一份报表往往需要 1~2 天,如果要做到更为细致,还得花费更多的时间。而"数字正泰"的出现,在效益产出方面直接减少了前期数据处理的时间,而且将以前未能设计的维度进行了细分。
>
> 例如正泰电器断路器 DZ47 这一个产品类目,在系统内的信息条就多达上千条,而现在通过可自动排序,便节约了大部分收集时间。从而使数据分析同事的工作得到释放,即从以往 70% 的采集信息时间转化为 30%,结果是留出更多的时间做更深层次地根源分析及诊断。在时效性上,市场部就能够迅速将市场的结果在第一时间反馈至各个制造部,让他们提出更为优化的产品线规划措施。(节选自《正泰大数据:从 0 到 1 之路》邵玲丽)

## ▶ 创新的第二个支点——发展绿色生态产业符合国家政策和国际潮流

看清国际潮流,紧跟国家产业调整步伐,抢占政策高点和前沿位置,是企业以创新促发展的一项基本素质。

> **实际案例**

2006年1月1日,《中华人民共和国可再生能源法》正式实施。就在这一年,为促进全球可再生能源开发利用、适应我国光伏产业发展要求的需要,正泰开始进军光伏产业。随后,我国政府陆续出台《可再生能源中长期发展规划》和《可再生能源发展"十一五"规划》等多项政策,太阳能发电成为可再生能源重点发展领域,正泰集团光伏事业借着政策的东风突飞猛进、一日千里。十年间,正泰新能源专注于太阳能能源开发利用,不仅在光伏产品技术研发方面取得骄人成绩,在光伏电站领域更是风生水起。目前,正泰集团已在全球建成并网运营上百座光伏电站,已成为国内极具竞争力的民营光伏发电投资运营商和全球首家光伏系统解决方案提供商,也是业内唯一具备系统集成和技术集成优势的全产品设备提供商。为使光伏发电成本领先于全球同行达到电网等价点奠定了基础,做出了积极贡献。

除了光伏发电外,正泰集团还积极布局核电、垃圾发电等清洁能源领域。

配合国家产业发展政策,高度重视与国家科技体系的深度合作,是正泰保持技术创新领先的重要举措之一。

> **实际案例**

2015年,由正泰开发的"基于物联网与能效管理的用户端电器设备数字化车间的研制与应用"入选工信部智能制造专项。项目总投资2.3亿元,主要建设基于物联网,集研发设计、制造过程、质量管控、物流仓储、效能管理等一体化的数字化车间系统,示范传统制造"机器换人"。项目完成后,预计将使运营成本降低20%以上,产品研制周期缩短20%以上,产品不良率降低10%以上,能源利用率提高4%以上。

南存辉:"转变发展方式,核心是转变发展要素。投入要素结构的转变,带动企业发展方式的转变。"

### ▶ 创新的第三个支点——金融创新带动技术创新

依靠创新驱动企业转型升级,不仅需要政府政策支持、基础设施配套、人才配套,还需要资金、金融的支持,要进行金融创新满足企业的融资需求,推动企业的转型升级。南存辉认为,金融对助推主业做大做强很有帮助。作为企业,也要打开思路,积极推进投融资机制变革,打造推动企业技术创新的金融支点。

搞活投融资体系,引导社会投资,破除市场竞争壁垒,加强政府财政资金的引导,大力发展股权投资、风险投资等项目,能够有效降低创新风险成本。为了助推实业发展,正泰作为发起人成立浙民投,此外,正泰还直接开辟金融投资的板块,如筹建作为首批5家民营银行试点之一的温州民商银行等。

**实际案例**

2017年12月13日,正泰集团财务有限公司(正泰集团子公司)获批开业,系温州首家非银行金融机构,亦是浙江省第三家由民营企业发起设立的财务公司。作为企业"内部银行",财务公司既集成了银行、证券、保险等多种金融机构功能,亦可为集团成员单位的重大资产处置、投资决策、资金融通等提供全方位金融服务。温州金融监管部门相关人士表示,正泰集团财务有限公司对温州民营企业意义重大,为温州完善多元化金融组织体系、打通民间资本进入金融领域通道作出积极探索。

正泰以灵活的机制借助技术入股、资金入股、股权激励和产融结合,建立创新共享机制。对于研发费用的投入,正泰把拨款改为以绩效考核为导向,和成果挂钩,正泰推出创新16条政策,使上千名技术人员成为了股东。

## 3　从"跟随"到领先

几十年来，正泰对技术创新的重视，尤其是对新品研发投入、技术队伍建设、产品工艺改善、智造水平提升等方面的变化有目共睹，力度空前。通过科技创新与产业升级，正泰从单一低压电器产业发展到发、输、变、配、用、储电全产业链，从单一卖产品到提供系统解决方案。

正泰技术创新之路始于企业创建之初。1986年夏秋之交，在南存辉"三顾茅庐"请来的电器工程师们的帮助下，求精开关厂花了好几万元，投资建立了温州第一个热继电器实验室，在温州同行中轰动一时。当时很多同行对南存辉搞实验室很不以为然，他们认为产品供不应求，完全没有必要花钱费力地去搞什么实验做什么研究。但南存辉认为"牌子"比"票子"重要，干企业一定要为产品质量负责。实验室夜以继日研究产品材料和生产技术，提升并稳定了产品质量，功夫不负有心人，1988年1月，求精开关厂成为乐清第一家取得国家机电部颁发生产许可证的企业，求精开关厂也在数以千计的低压电器企业中脱颖而出。此后，正泰一直坚持技术创新之路。时至今日，正泰已经成为中国民营企业自主创新的一面旗帜。

创新是艰难的，一些企业之所以长期处于跟随、模仿的阶段，不是因为他们不想搞自主创新，而是因为他们不敢直面创新的风险，他们害怕创新失败，害怕新产品被仿制，害怕客户不接受等等而顾虑重重、缩手缩脚。但南存辉始终坚持自主创新和自主品牌不动摇，他认为自主创新是企业做大做强的必由之路："没有先进的技术，就没有高质量的产品，没有高质量的产品，就没有叫得响的品牌。在我们耳旁，经常回响着这样一种声音，就是市场换技术。但我们深知，仅以市场换技术，是得不到核心技术的。企业要提高国际竞争力，必须在引进、借鉴、吸收国外先进技术的基础上，努力培育自己的核心技术。否则，必定受制于人，结果只是只有中国制造，而没有中国创造。"

为了从"中国制造"走向"中国创造",正泰集团坚定不移地走自主创新之路。多年来,正泰聚集了行业内一大批知名专家和中青年技术精英,建立了一支老、中、青相结合的技术研发队伍,成为公司技术进步和技术创新的生力军。爱岗敬业、奋力拼搏的正泰研发人员在平凡而单调的工作中,攻克一个又一个技术难题,研发出一大批具有较高技术含量,引领行业水平的创新型产品。正泰的技术创新之路走得稳健而富有成效。

### 实际案例

2017年1月11日下午,正泰集团第六届科技创新大会的科技报告令人振奋:正泰新能源自主研发的高效多晶背钝化太阳能电池,较常规电池效率提升1‰;高压电气成功开发超高压500kV变压器;上海理想能源研发出我国首台薄膜太阳能电池关键高端生产设备(PECVD)和(ALD)氧化铝薄膜设备。每一个产业的创新之作,都是正泰在"十三五"开局之年科技创新迸发出的最强音。

本届科技大会上共评选出科技创新奖38项,首次评选出41名科技创新人才进入正泰科技创新的"群英榜"。大会现场,分别对科技创新成果奖及科技创新人才奖颁奖金,从"基础性与前瞻性研究、新产品开发、工艺装备创新、标准与科技创新"等4个方面进行表彰。

低压电器数字化车间项目被工信部列为"智能制造新模式项目",正泰新能源的中德智造项目已通过工信部验收,上海理想能源的设备通过了国家863项目验收,先后承担了工信部电子产业发展基金、上海市战略新兴产业专项等10项重大研发项目,获得上海市科技进步奖、上海市技术发明奖等荣誉。

新型智能型低压电器产品研发、小型断路器精益化自动生产装备及应用、基于网络的智能控制系统、通用工业汽轮机控制器、轮机控制系统等项目被列为省重大科技专项,新型分布式控制系统获评"浙江省优秀工业产品"和中国仪器仪表学会"2016中国好仪表"。

正泰集团技术中心被评为"国家认定企业技术中心",先后荣获"国家技术创新示范企业""浙江省重点企业研究院""国家高新技术企业""中国优秀工业设计奖""国际红点奖"以及"中国产学研合作创新奖"等称号。

凭着雄厚的技术研发实力,正泰不断向科技前沿、向竞争激烈的热点科技领域进军,在世界高科技产业中发挥着中流砥柱的作用。

**实际案例**

石墨烯是一种只有一层碳原子厚度的二维晶体材料,拥有世界上最小电阻率的优异导电性、高于钢铁100倍的非凡力学强度、近乎完全透明的透光性和已知最高最快的导热性能等特点。未来,石墨烯在超级电容器、锂离子电池、新型显示、太阳电池、传感等方面应用前景广阔。

2014年,正泰电器收购上海新池能源公司,并与中科院上海微系统所成立联合实验室,以石墨烯粉体材料为基础开发下游应用,并逐步发展工业级高能量密度储能系统及控制平台,取得了重大技术突破。

2016年2月4日,正泰电器入股石墨烯研发与生产公司——Grabat Energy公司。

目前石墨烯仍处于产业发展的初级阶段,作为一种新兴材料,石墨烯产业化的时间尚短,决定竞争力的关键因素是技术储备,拥有石墨烯核心技术的公司有望取得先机,从而成为未来石墨烯产业的领头羊。

在南存辉看来,企业要"以全球视野来持续提升国际竞争力。"近年来,正泰面向全球大力推进光伏电站、EPC工程总包及国际工程投资建设,加大产业资本、金融资本等融合力度。高低压电器产品销往130多个国家和地区,成为国内同行业海外市场覆盖最广、国际化程度最高的企业之一。

> **实际案例**

　　正泰旗下品牌——上海诺雅克电气是专注于新一代高端智能电气系统研发、制造、销售的全球化公司。传承优秀的行业创造能力与经验，整合与优化销售渠道、服务平台等资源优势，凭借更为出色的产品表现，上海诺雅克电气致力于成为世界一流的高端电气系统解决方案供应商。

　　1999年上海诺雅克电气成立于美国加州。创新为本，技术立身，一批来自全球的电气行业资深专家，矢志打造全新的诺雅克电气品牌，点燃传统电气行业发展的创新引擎。

　　上海诺雅克电气现在北美、欧洲和亚太设有研发中心。其卓越品质的系统产品为智能电力、建筑工程、机械配套、光伏新能源、数据中心等行业领域，提供媲美国际一流品质的智能电气系统解决方案。

　　上海诺雅克电气在其全球雇员之中，研发技术人员占比18%，其中欧洲及北美籍员工超过100人；上海诺雅克电气欧洲总部位于捷克布拉格，北美总部位于美国洛杉矶，亚太总部与全球总部位于中国上海；上海诺雅克电气全球拥有三个研发中心、三个物流基地、百个销售分支机构，组建各国本土化管理团队，快速响应客户所需；推出适应世界各区域市场需求的全系列欧标、美标及中国标准产品，通过英国劳氏及ISO 9001体系认证，获得全世界权威机构一致认同；上海诺雅克电气产品已广泛应用于欧洲、北美、亚太等40多个国家和地区，服务近千个重点工程项目，助力全球经济建设。

　　十余年来，上海诺雅克电气产品已畅销全球36个国家，不仅获得了美国UL、荷兰KEMA、德国TüV等权威认证，其Ex9M断路器产品系列更获得有设计界奥斯卡之称的德国"红点大奖"，将"美国技术"

＋"中国制造"提升到全新高度,成就中国"智"造新典范。

上海诺雅克电气在中国分设了17个分支机构。迄今,上海诺雅克电气已为中石油、中石化、中国电信、中铁、通力电梯、山东省电力公司、云南省电力公司、辽宁省电力公司、魏桥集团、双汇集团、方星电子、阳光电源、大唐科源、华润水泥等上百位国内客户提供智能化电气解决方案,获得了专业市场高度认可,完美呈现了上海诺雅克电气品牌价值。

通过持续创新,正泰加速在分布式光伏发电、智能微网、石墨烯储能技术以及能源管理等环节的布局。掌握了石墨烯储能产品研发的核心技术。收购德国在当地最大的光伏组件企业,使得正泰实现了与德国工业4.0的对接,获得了高度自动化的生产线、先进的实验室测试设备和运作经验。目前,正泰已从单纯做高低压元器件到具备变配电系统、轨交监控系统、核电监测系统等领域全面解决方案的工程能力。从单纯地做太阳能电池板到具备太阳能发电的各种系统运营能力,实现了从传统制造向绿色、智能和服务型制造转型。

"烧好自己的那壶水"是南存辉长期以来坚定不移的信念,"正泰要成为国家战略的追随者、实践者、建设者,坚持围绕主业创新发展不动摇,持续推进产业转型升级,不断输出中国智慧、中国标准、中国方案,提升中国企业的国际话语权。"在南存辉战略思想指引下的正泰,正以昂扬的姿态向千亿级企业奋进。

# 第 8 章 营销体系

## *1* 适应市场变化,推进商业模式创新

商业模式创新主要是指企业对原有营销模式进行变革与创新,以适应市场变化,推动消费升级,帮助企业快速发展。能否进行有效的商业模式创新是企业核心竞争力的一个重要组成部分。

近年来,正泰以发展服务型制造作为商业模式创新的总体指导方向。瞄准价值链高端环节,加快技术创新和商业模式创新。以建设价值化、协同化、专业化、智能化、高端化作为商业模式创新的方向。努力推动服务型制造战略的实施与落地,并取得了显著成效。具体来说,正泰商业模式主要有四大创新转变。

### ▶ 从"卖产品"向"卖产品+卖服务"转变

服务型制造已成为当今世界制造业发展的新趋势。在《中国制造2025》中,明确提出积极发展服务型制造。"十三五"规划纲要等一系列文件也都将服务型制造作为制造业调结构、转方式的重要路径。

企业向服务型制造进行转型，就是要通过各种方式在生产管理、市场营销等环节不断增加服务要素在投入和产出中的比重，从而实现企业从单纯"卖产品"向"卖产品＋卖服务"转变，延伸和提升价值链，提高产品附加值和市场占有率。

通过多年来对商业模式的积极探索与创新，正泰从过去单纯"卖产品"向"卖产品＋卖服务"的转型过程中获得了丰富经验，并取得了阶段性成果。

### 实际案例

正泰以"电"为中心，向产业链前端的绿色发电领域延伸，形成覆盖电力行业"发、输、储、变、配、用"及管理运营环节的产品门类。正泰已经从单一的装备制造企业升级为集运营、管理、制造于一体的综合型电力企业。

在光伏电站领域，正泰新能源能够提供从电站咨询、设计、开发、融资、工程总承包、运营等一体化的能源解决方案，并打造国内领先的O2O分布式光伏服务平台。

2013年，南存辉在接受记者采访时谈到，"我们已建成发电和在建的光伏电站项目将超过900MW，光收电费就有6个亿的收入。明后年，电费的收入预计能超过10亿元。"

截至2017年年底，正泰已在全球建成并网运营200多座地面光伏电站，总装机容量达3.5GW。其高低压电气产品销往130多个国家和地区，成为同行业海外市场覆盖最广、国际化程度最高的企业之一。

正泰新能源从只销售单品组件发展到现在能够提供光伏电站工程总包、运营服务，并且不断向储电、售电服务延伸，成为正泰集团旗下打造服务型制造的一个典型代表企业。

▶ **从"卖单品"到 EPC 总包"交钥匙"工程**

EPC 总承包模式因为具有很多优势而深受客户欢迎，如能够使设计、采购、施工等环节沟通更顺畅，能够使资源分配更合理，能够减少客户投入成本，能够增加企业效益，有效加快施工速度等。2016 年，住建部《关于进一步推进工程总承包发展的若干意见》明确提出"深化建设项目组织实施方式改革，推广工程总承包制。"工程总承包迎来了快速发展的春天。

从 2017 年起，正泰电气大力推行"EPC＋"业务模式，充分发挥公司在资质、技术、团队、管理等方面的优势，大力开拓国内外总包市场，带动输配电设备销售。

**实际案例**

2017 年 12 月，位于"中巴经济走廊"上的巴基斯坦信德省 500kV 主网 065 项目中的 Moro 500kV 变电站第三组电抗器高压套管跳线顺利接线，这标志着松江区 G60 科创走廊企业正泰电气股份有限公司历经一千多个日夜奋战后，项目顺利完工送电。

据了解，065 输变电项目是我国提出"中巴经济走廊"概念后，正泰电气股份有限公司首批在巴基斯坦落地实施的输变电总集成总承包的项目。2014 年 9 月 29 日，双方签署总金额近 2.5 亿元的承包合同，拉开了项目施工建设的序幕。

在项目合同正式签署后，作为承包方的正泰电气迅速组建团队入驻现场，统筹协调各方，全面展开了项目勘探、测量、设计、商务筹划和安保等前期工作。据该项目工程负责人介绍，500kV 变电站作为电力主网的枢纽电站,在工程技术和产品质量的要求上非常严格。

从一次设备到二次设备,从设计到土建施工,再到设备安装调试,正泰满足了所有的高标准、严要求。高质量的产品和服务,最终实现了由"产业链集成优势"向"价值增值链"的转化。该项目的顺利完工对于改善巴基斯坦超高压电网输电能力,完善当地电网结构,提高电网可靠性的作用不可估量,有效地改变了该地区长时间停电的局面,促进了当地经济的发展和人民生活的改善。

正泰电气十分重视"一带一路"沿线国家的发展机遇,自进入巴基斯坦市场以来,正泰电气坚持打造质量最优、市场服务高效的品牌,在该国形成了广泛的行业影响力和品牌美誉度。其中,单电力变压器这一系列产品就牢牢占据了巴基斯坦电网70%的市场份额。同时,正泰电气在哈萨克斯坦、斯里兰卡、伊朗、沙特阿拉伯、科威特等国家多点布局,2017年以来陆续在斯里兰卡、伊朗、埃及、塔吉克斯坦等市场中标数十亿元项目。正泰电气还依托自身强大的输配电品牌、制造、技术、渠道、专业人才优势,不断创新、丰富业务模式,积极开展国际并购及产能合作,大力推动"EPC+F/股权投资/能效管理"等业务模式。截至目前,正泰电气已在"一带一路"沿线20多个国家设立分公司或办事处,EPC总包工程覆盖"一带一路"沿线30余个国家。

从"卖单品"到"EPC总包交钥匙工程"的营销模式已经获得正泰集团上下的一致认同和推广。

在光伏发电领域,正泰新能源已在韩国、意大利、日本、印度、罗马尼亚、保加利亚等国家建立海外地面光伏电站30多座,采用设计、采购、施工、安装及调试运行全过程的"交钥匙"模式。同时,正泰还在欧洲、非洲、南亚和拉美地区承建大量EPC工程总包项目,大大带动了产品配套出口。

在能源计量领域，正泰仪器仪表有限责任公司从提供计量产品，升级到水、电、热、气智能抄表等整体解决方案。

在智慧信息及智能控制领域，正泰中自控制工程有限公司已经发展成为中国领先的智慧信息及智能控制解决方案提供商。

在企业自动化运营领域，正泰旗下的上海新华控制技术（集团）有限公司是新中国成立以来的知名自动化企业，可为客户提供控制系统设计、软件开发、硬件制造和控制系统总成套，为客户提供各种规模的自动控制成套设备和自动化控制系统。

▶ **从传统制造向"互联网＋"**

围绕"互联网＋"，正泰正着力打造"一朵云、两张网"。"一朵云"，集合了正泰智能制造、智能产品、智能电站、智能电网等，通过运用物联网、云计算、大数据分析技术等一体化架构设计，提供多层次的云应用信息化服务。"两张网"，即正泰工业物联网和正泰能源物联网。正泰工业物联网将正泰云的各个要素综合运用，形成了完整的工业物联网服务生态链。正泰能源物联网，包含了遍布全球的分布式新能源电站、EPC与运维服务、电力交易以及端到端实时交易系统与金融服务。

"一朵云、两张网"战略有力地推动了正泰业务模式的颠覆式发展。正泰新能源总裁陆川介绍，现在公司的"每一块光伏电板都有一个在线激光二维码'身份证'，上面加载了20多道生产工序信息，不仅可以个性化定制生产，还可以全程追溯。"

正泰大数据部负责人孙钦辉指出："我们的愿景是让正泰成为一家真正的数据驱动型公司，从粗放式成长走到精细化管理，继而在数字化进程中成为行业标杆，从成本中心走向盈利中心。大数据部在当中要扮演前瞻性布局的角色，而不是被动执行的一个部门。"

> **实际案例**

北白象正泰工业园内,一个可实现全程自动化的智能化数字车间正在紧锣密鼓的建设当中。该项目主要建设基于物联网,集研发设计、制造过程、质量管控、物流仓储、效能管理等一体化的数字化车间系统。

据称,这个被列为国家工信部2015年智能制造专项的项目完成以后,预计将使运营成本降低20%以上,产品研制周期缩短20%以上,产品不良率降低10%以上,能源利用率提高4%以上。

### ▶ 从传统加盟商模式到多样化营销模式

很长时间以来,国内企业大多通过加盟商在全国进行销售,正泰也不例外。经过几十年的发展,在正泰数万名代理商中成长出了一批比较优秀的经销商,正泰采用合股等多种方式,把这些优秀的经销商变成了"正泰人",逐步在全国建立几千家正泰专营店、销售公司和特约经销点。集团还先后在欧洲、北美、南美、中东等地建立销售机构,为开拓海外市场打开了通道。此外,正泰还积极探索电子商务营销模式,不断扩大产品的市场占有率和影响力。

> **实际案例**

2017年"双十一"当天,正泰品牌全网销售额达1.00028亿元,勇破亿元大关,全网销售同比增长89%。其中,天猫平台正泰电工官方旗舰店单店连续4年蝉联电子电工行业冠军。

2017年"双十一大战",正泰电商表现抢眼,全网营销创历史新高,斩获天猫平台电子电工行业多个第一:正泰品牌全网销售额排名行业第一;正泰电工官方旗舰店天猫单店销售额排名行业第一;天猫正泰电工官方旗舰店访客数排名行业第一。

作为中国先进制造业的典型代表,创新始终是正泰发展的源动力。基于主流用户的年轻化趋势,正泰在保持传统优势产品销售的同时,高度关注年轻消费者的需求,以用户为导向,在推进品牌年轻化的过程中,推出了一系列颇受年轻消费者青睐的新品。如可定制化的大面板 NEW2H 开关;专为年轻消费者设计的创意球插、TAO2C 智能排插;《三生三世十里桃花》电影 IP 定制开关、吸顶灯、音箱、排插;智能锁、智能监控、智能空气检测仪等。既体现了正泰品牌的时尚性,也展现了企业的设计水平和研发实力。

与此同时,在"双十一"竞争最白热化的品牌宣传中,正泰独辟蹊径,成效明显。在天猫站内的推广,正泰首次尝试"居家化"直播风格,一改以往"尬聊"模式,抛却单纯产品介绍和店铺活动,将直播间直接搬到用户家里,现场展示正泰产品的使用体验,累计获得数十万次粉丝互动。品牌站外的推广,正泰综合"快闪视频、KOL 创意图文、创意 H5、创意互动海报"等严谨又不失活泼的形式,结合"双十一"预热、引爆、总结三大重要节点进行全网全面引流。(节选自《正泰双十一引爆电商盛宴全网销售额破亿元大关》高琴 陈惠敏)

## 2 品牌营销是长久之计

品牌营销是指企业在市场营销过程中,通过各种方式使客户对企业品牌形成良性认知,即引导客户在心目中形成企业品牌良性印象的过程。

一般情况下,企业品牌是一个逐渐建立和完善的过程。企业在经营过程中的一切表现,最终都有可能会在客户那里形成一定的品牌印象和品牌认知,企业给客户留下的这种品牌印象和品牌认知最终会转变成企业的一种竞争资本,即品牌竞争力。

可以说,品牌竞争力是企业在长期的经营过程中,全面持续完善管理、技术、人才、营销等环节而逐渐形成的一种综合竞争力。可以说,打造品牌竞争力是每一个企业的追求,形成品牌竞争力优势是每一个企业的梦想。

正泰从成立之初,就树立起"要票子,更要牌子"的经营信念,并且在长期的经营过程中,始终坚持把"要票子,更要牌子"的信念落到实处。正泰认为,企业的核心竞争力需要品牌的支撑,但品牌绝不是靠一次策划、包装和宣传就能成功的,也不是靠铺天盖地式的广告"轰炸"就能打造出来的,企业应避免各式各样的误区,扎扎实实地提高企业的各项综合实力,只有这样,企业品牌才能成为有根之花。

具体来说,正泰的品牌营销策略主要包括三个方面。

### ▶ 用"质量"铸造产品品牌

南存辉曾经对朋友说:"我修过无数的劣质鞋,听过无数的骂。生产假冒伪劣产品的人,就算不折寿也没好结果。我们要干,就要讲究质量,不能赚昧良心的钱。"

创业之初,为提高产品质量,他多次到外地恳请工程师前来帮忙。然而当有的工程师来到厂里实地考察时,却发现工厂生产条件还不如一些条件好的手工作坊,工程师被吓跑了。坚守着"要票子,更要牌子"的信念,南存辉没有气馁、没有放弃,为了请"高人出山",又往上海跑了无数次,最终打动了王忠江、蒋基兴、宋佩良三位老工程师。

南存辉很早就认识到,国家需要对电器企业进行引导,否则业界混乱,企业生产出来的产品是好是坏也没有个标准,虽然自己的产品卖出去了,心里却总是感觉不那么踏实。所以,国家出台关于工业品质量责任条例,当地政府组织个体老板学习时,南存辉第一个报名,并且随后投资建立温州第一个热继电器试验室,并于1988年在乐清率先获得国家机电部颁发的生产许可证书。不久,为了加强产品质量监管,国家出重拳打击假冒伪劣产品,同时大力扶持优秀的生产企业,正泰成为被扶持的电器制造业的企业典型。1993年,正泰集团提出"重塑温州电器新形象"。从这个时候起,正泰品牌营销之路乘风破浪,成为备受业界关注的标杆企业。

> **实际案例**

为保证产品质量,正泰每年坚持开展"质量月"活动,到 2017 年已举办了 23 届。对在"质量月"活动中表现欠佳,存在质量问题的公司经理给予黄牌警告,并责令其做书面检讨。同时,对企业管理层考核实行质量一票否决制,凡是质量工作不得力的经理都要撤职换岗。

秉承"宁愿少做亿元产值,也绝不让一件不合格品出厂"的经营理念,在电器行业中,正泰集团率先通过 ISO 9001 质量管理体系、ISO 014001 环境管理体系和 OHSAS 18001 职业健康安全管理体系认证。先后获得"全国质量管理奖""温州市市长质量奖""浙江省政府质量奖""中国质量奖提名奖""中国工业大奖""中国质量诚信企业"等荣誉。

## ▶ 用"诚信"维护品牌形象

企业品牌代表着企业的诚信度。一般来说,在世人眼里,一个大的企业品牌是绝对不会出售假冒伪劣产品的。企业品牌体现了企业的实力、地位和信用,可以不夸张地说,企业品牌就是企业的王牌,企业品牌是保持企业持续增长的关键因素。特别是在全球一体化的今天,企业间的竞争已经从单纯的产品竞争,发展成为企业整体品牌形象、品牌文化之间的竞争。在某些领域,企业品牌甚至已经成为企业赚钱的主导因素——在品牌为王的品牌经济时代,企业品牌已经不仅仅是无形资产,甚至已经具有了部分实物资产的属性。

"品牌经济"本质上就是"信用经济"。基于对诚信的坚守,南存辉为公司取名为"正泰"就寓意深远。南存辉说:"正,即经营要走正道,为人要讲正气,产品要做正宗;泰,即泰然、安泰,安稳妥当为第一。正气泰然,三阳开泰,这就是'正泰'的内涵。"

正如企业的名称一样,"正气泰然"一直是正泰经营理念最简洁的概括。多年来,正泰按照做"百年老店"的思维诚信经营,在南存辉的带领下实实在在地做事,严格遵守和维护契约精神,从一点一滴积累和呵护自身的企业品牌形象。

> **实际案例**
>
> 2005年,沙特MEF公司向正泰定制的MF1塑壳断路器快要交货,但在发货前几天,员工发现其中一批次的质量有问题。如果返工,意味着错过船期,可能会被客户要求赔偿和投诉。负责人李俐分析利弊后并未犹豫,"确保质量!"这是他对下属说的第一句话。在公司,人人都奉行董事长南存辉说过的一句话:"宁可少做亿元产值,也不可让一件不合格品出厂。"李俐明确表示在确保质量的前提下,把时间追回来。他亲自下车间从源头改进问题批次的产品,一周内产品顺利通过测试,但已经耽误船期。为了让客户如期满意地拿到优质的产品,他大胆地启用了空运,多花了十几万元费用保证了时效性。李俐放弃了制造部当时本能获得的额外利润奖励,这似乎让制造部亏了,但它却换来了正泰的口碑和后期的长远合作。如今,MEF公司还保持着同正泰的合作,通过他们还让原本不用中国产品的其他沙特公司也开始购买正泰产品。(节选自《李俐:"复合型"成长之路》邵玲丽/文)

## ▶ 用"自主"成就国际品牌

在改革开放第一波创业大潮中,涌现出了众多曾经烜赫一时的企业品牌,然而其中很多品牌却因为国外公司的围剿和收购而丧失了品牌自主性,或者已不复存在。

多年以来,正泰以"争创世界名牌,实现产业报国"为责任和使命,在品牌自主问题上从未有过动摇。南存辉旗帜鲜明地指出，中国虽然是制造业大国，但却依然是品牌小国，在全球有影响的品牌中，我国却没有几个。有很多国内企业给国外跨国公司做贴牌生产，却因为没有自己的品牌，大部分利润被国外企业拿走。因此，正泰必须着力打造自己的品牌，以确保不受制于人。

从20世纪90年代起，正泰多次拒绝国外跨国公司的收购，哪怕对方愿以正泰总资产五倍的价格收购正泰。

"企业本身有趋利性，但品牌是无价的，尤其是知名的民族品牌更是如此。为了守住品牌，我们甘愿付出，这不仅是利润问题，而是一种超利润的民族精神。品牌凝聚了管理、技术、文化各方面的总和，凝聚了很多人的关爱和支持。跨国公司千方百计想要吃掉中国企业，或用技术垄断市场。"南存辉说，"面对外国大公司的打压、兼并、收购，民族品牌要有自信心。既不能自傲轻敌，也不能没信心，最怕的就是自己打倒自己，不战自败。打造民族品牌，一定要立足自主创新，立足自主创新就是要以我为主。""现在不仅是提高制造能力的时代，而是到了争夺制造权的时代。通过技术创新，通过标准的制订，通过专利的实施，争夺制造权，提升核心竞争力。品牌所积累起来的无形资产价值很大。很多国际品牌希望正泰投资，足见正泰品牌的含金量和影响力，也更让我们坚定了做强专业领域、坚定正泰品牌的信心。"

品牌是打开国际市场，赢得市场竞争，取得高额利润的重要保证。但是与国外一些老牌跨国公司相比，品牌竞争力是目前我国企业最为缺乏的能力，要从根本上改变这种状况，最关键的就是要增强企业的自主创新能力。

围绕自主创新，正泰集团构建多层次、开放式的创新网络。正泰技术研发已形成了以正泰技术研究院、专业研究所为主体的多层次、开放式技术开发网络，形成科研、教育、培训、开发为一体的科技链，使产品开发从"跟随型"向"领先型"发展。正泰形成了以温州为基地、上海为中心、北京和美国硅谷为龙头、相关科研院所为依托的多层次开放式的信息网络和技术研发体系。在国内，正泰集团建立了18个研究院，6大专业研发部；在美国硅谷，建立了电气前沿技术研发中心；在北美和欧洲，建立了研发中心进行自主创新研究。一个全球化、阶梯式的研发体系正在正泰发展中形成。

**实际案例**

正泰电源系统有限公司（正泰集团子公司，简称正泰电源）主要致力于电力电子产品的研发、生产和销售，为新能源及电力行业提供性能优异的光伏逆变设备、储能变流设备及电能质量管理设备，为工业、轨道交通及数据中心领域提供高可靠的UPS电源设备，为电动汽车充电领域提供齐全的交直流充电设备，为用户提供智能化系统解决方案。

立足于研究开发拥有自主知识产权的创新产品来开拓国内国际市场，正泰电源的技术创新结合了国际上最先进的技术发展，实现100%的自主创新和研发。

凭借其独特先进、高功率密度、高稳定性的电力电子技术平台，正泰电源拥有完全自主知识产权的电源系统类产品线及近百项逆变器、PCS、SVG、APF、UPS等产品的核心专利技术。产品技术已达世界先进水平并陆续通过多项国际权威的认证测试，已批量销往德国、意大利、荷兰、比利时、美国、加拿大、韩国、泰国、印度等多个国家，其中逆变器产品线累计发货量已超过2GW。2014年，光伏电站投资建设规模超2GW，被国际光伏权威杂志POTON评为中国第一强、全球第二强。其"四新"特征主要有以下具体表现：在国际上首次提出广义三相两电平空间矢量调制算法；创造性地提出高效逆变拓扑；国内首创直流拉弧检测技术；突破PID消除技术；首次提出基于铁氧体磁芯的毫安级漏电流传感器，打破国外垄断；正泰电源提出基于铁氧体磁芯材质的漏电流传感器，将器件的单颗价格从400元降到45元；创造性地提出电感和变压器集成技术；集成电感变压器峰值效率创纪录的达到99.1%，大幅度提高了逆变器转换效率。

品牌竞争是竞争的高级阶段，同时也是必然阶段。

"全球化的竞争，早已进入品牌竞争时代。品牌的可持续发展是全球可持续发展的一个重要方面和内容。"南存辉告诉团队，"我们不能满足于在国内同行业中已经取得的一个个'第一'，而应该瞄准国际大企业，学习别人的先进经验，不断发展、壮大自己。只有这样，才能在日益激烈的国际市场竞争中立于不败之地！"

## 3　让听见炮声的人做决策

我们经常在影视剧里看到这样一个镜头：某国陆军单兵或者战斗小组在遭遇危险或捕捉到重大战机时，他们通过无线电，呼叫附近空军或者炮兵给予支援。

这种一线战斗单元指挥战场作战的情形就是我们经常所说的"让听见炮声的人做决策，让看见炮火的人呼唤炮火"。

企业要形成"让听见炮声的人做决策，让看见炮火的人呼唤炮火"这种快速、有效的作战效果，必须要建立相应的高效指挥体系。

所谓的高效指挥作战体系，就是为了保证企业内部各机构之间有效整合以及协作，形成强大联合作战能力而进行设计的管理机制和组织构架。企业只有具备相应的管理机制和组织构架，才能形成"让听见炮声的人做决策，让看见炮火的人呼唤炮火"的作战效果。

正泰在30多年的经营过程中深刻认识到，企业要在纷繁复杂、瞬息万变的竞争环境中开展多部门联合作战，必须充分发挥一线人员的作用。因为一线人员能够实时掌握市场变化的全部情况，反之，如果所有的决策都由不在一线的领导做出，那么下面的人就会逐渐丧失主动思考能力机械地执行，出现了问题还可能会推卸责任。

企业要做到"让听见炮声的人做决策,让看见炮火的人呼唤炮火",我们首先要弄清楚如下几个问题。

(1)谁是"听见炮声的人"和"看见炮火的人"?

奋斗在一线的工程人员、经销商、销售部、客服……,他们对企业经营的变化感受最深,他们对市场的动向也更加了解,哪怕市场、客户有一点点细微的变化,他们也能最快感知并且做出判断和应对。

(2)一线人员能不能及时"听见炮声""看见炮火"?

一线人员和机构,如果把大部分时间用在参加各种内部的沟通、协调、交流上,那么他们用来找目标、找机会以及参与竞争的时间就会不足,可能会影响一线人员及时地"听见炮声""看见炮火",从而导致机会擦肩而过。

(3)"听见炮声""看见炮火"的人很多,具体谁来做决策呼唤炮火?

企业一线人员众多,他们是否都能够准确判断出什么是真正的"炮声"和"炮火"呢?在这些"炮声"和"炮火"里面,哪些是重要的,需要急迫面对的呢?要解决这些问题,企业应该尽可能地了解一线员工和一线管理者的分析和决策能力,以便保证来自一线的信息和决策是准确和正确的,只有在这个基础上,"炮火支援"才是精准的,有效的。反之,如果来自一线的决策和"呼唤炮火"是错误的,那么就会产生误导,给企业带来损失。为避免这种风险,企业还需要有一套办法,来对相关的信息和决策加以甄别。

(4)重心下移以后,能否有效管控基层腐败?

企业领导重心下移,让听得见炮声的人来呼唤炮火,必然要给一线更多授权,这时企业要注意控制授权所带来的腐败风险,要在降低风险、降低运作成本和保证运行效率之间找到平衡。

(5)"呼唤炮火"的人能不能及时呼唤来"炮火"?

企业中的后方支持平台能否对前线的"呼唤炮火"提供及时、有效的支援,是极其考验一个企业生产、研发、管理等综合实力的。如果企业中的后方支持平台或决策行动迟缓，就会拖一线作战部队的后腿。特别是对于大企业来说，机构庞大往往会形成臃肿、官僚化的机关组织和各种烦琐的管理流程，甚至导致难以协调的情况发生，严重影响企业运行效率。

> **实际案例**
>
> 作为一家资产近千亿的上市公司，正泰的"大企业病"问题日益显现出来，如患得患失、畏难情绪、思想僵化、激情消退、不敢创新、唯上唯虚唯规定者有之，管理粗放、流程冗长、激励失效、自以为是、英雄主义者有之，以及花钱大手大脚、老好人、糊稀泥，遇事不敢碰硬、事不关己高高挂起者有之等"大企业病"问题较为突出。（节选自《在公司2018年新春大会上谈今年集团工作要求》南存辉/文）

按照"让听到炮声的人作决策，让看见炮火的人呼唤炮火"的要求，正泰集团与各子公司领导努力将权力重心下移，部门服务支持决策等职能前移。紧紧围绕客户、市场需求，问题导向、业绩说话。对各类管理制度的有效性、互适性等及时加以审核，删繁就简、破旧立新。尤其进一步简化审批流程、突出快速响应机制，靠前指挥、及时决策，提高管理与服务效率。

为了实现"让听见炮声的人做决策，让看见炮火的人呼唤炮火"，正泰积极对管理方式、组织架构等进行创新与变革。

> **实际案例**
>
> 随着CRM系统在正泰电器中国区营销系统中深入推进，销售一线对CRM系统的认知越来越清晰，管理层对CRM系统的需求也越来越具体、明确。那么，首要的问题就是，CRM系统到底能够为我们带来什么呢？CRM系统的价值如何体现呢？

CRM系统能够为我们带来的价值分两个阶段体现，分别是电子化和信息化两个阶段。

第一个阶段是电子化。在这个阶段，CRM系统能够做的是将客户关系拓展过程中产生的数据和销售业务管理过程中产生的数据，实现电子化。这些数据，在CRM系统上马之前，有的散落在公司内部若干个系统中，有的存储在员工的电脑表格中，还有的则是白纸黑字放在文件柜里面。现在对于这些数据的产生、审批、使用、分析，通过CRM系统提高效率，减少人为产生的误差。

在这个阶段，CRM系统会更加透明、更加条理地向指定的用户展示业务和销售管理的全景，包括各个业务环节的衔接、关键指标和阶段的变化、重要控制节点的审批。针对特定的问题，比如经销商和终端客户的关联关系，比如商机的基本信息，相关用户就有了一个统一规范的数据口径。

第二个阶段是信息化。在这个阶段，CRM系统不仅仅是被动记录数据，提供报表，而是更加深入销售业务的各个环节，主要是客户开发、关系维护、订单执行、客户关怀、客户价值等整个客户关系生命周期的管理。

在这个阶段，信息化不再仅仅是一个工具，而是一种思考问题的方式，一种思路。信息化的思路，通俗点讲就是非黑即白。通过信息化的思路，反思我们的业务开展和管理，就会倒逼我们理清楚业务开展和管理的逻辑，减少不清楚规则的工作。（节选自《CRM系统能为我们带来什么？》宋大山/文）

通过网络实现信息共享，不必通过管理层次逐级传递，从而增强组织对环境变化的感应能力和反应能力，同时避免失真现象。

正泰"让听见炮声的人做决策，让看见炮火的人呼唤炮火"的努力，已经取得了阶段性效果。

**实际案例**

2016年9月21日,一封来自正泰电器中国区销售部提交的"正泰仪表公司海南自动重合闸开关订单"的邮件出现在正泰电器总裁助理、诺雅克副总经理、诺雅克智能电器事业部总经理李俐的电子邮箱里。李俐反反复复看了几遍后,立即组织诺雅克智能电器事业部管理层召开订单落实会议。首轮沟通结束,一个个难题萦绕在大家心头,大家认为这是一项几乎不可能完成的任务。

项目面临的困难和挑战有很多:第一,自动重合闸开关是正泰电器技术研究院终端研发部2016年度研发的新品之一,正处于产品研发转孵化阶段,进行批量生产所需的模具、工夹具、校验设备等尚不完善,需要重新设计制造备模、开展工夹具和校验设备制作。第二,销售部提交的订单明确规定了交货日期,远低于正常的备料及生产周期。通常意义上的物料准备是从订单下达后才开始的,自动重合闸开关上的微动开关及微电机上的碳晶属于关键物料,它们的采购及部件加工周期一般需要45天以上,而且焊接部件正常加工周期也需要一个多月,单从时间上就无法满足要求。第三,诺雅克智能电器事业部目前尚不具备该产品短期、集中交付的生产资源。第四,自动重合闸开关产品是第一次大批量生产,产品技术验证还不太充分,大批量生产的过程中是否会出现技术问题也不得而知。

面对一连串的棘手问题,单凭一个部门根本无法完成。在公司相关领导的支持与指导下,一个由终端研发部、诺雅克智能电器事业部、终端电器制造部、零部件制造部、质量管理部、工业化部及客户物流部等横跨温沪两地的七个部门的相关人员组成的临时项目组应运而生,迅速制定出一套"正泰仪表海南项目自动重合闸开关订单交付"的方案并开始长达45天的跨部门协作。

"线上,我们的工作群不分白天黑夜都在互动。线下,只要任何环节出现问题,大家都会在第一时间响应、解决。"李俐表示。

据工业和信息化部新产品试制工厂负责人李然介绍,这款自动重合闸新品是基于国家电网改造的前提下进行研发的,一旦研发成功很有可能将引领行业。从目前的中国市场来看,正泰算是最早进入的。众所周知,从试验室到批量生产之间通常会有一个试制阶段,而就目前的订单进度来说,想要按照以往小批量生产验证再投产显然是来不及的。这次产品从技术研究院的试制阶段便到诺雅克投产就是一个全新的挑战。为了保证产品质量,员工李然所在的新产品试制部门每天都要进行多项可靠性试验,在高温高湿的环境下进行测评、模拟客户使用环境、加大批次和数量的试验反复验证等,都是必不可缺的环节。作为项目投产前端配合部门,工业化部下属的三个部门集中骨干技术人员全力支持各项工作。

工业化部下属的三个部门从 9 月 21 日正式接单以来便开始将效率提升最大化作为第一目标。各工序不间断加工、全程绿色通道、技术人员现场办公……为保证产品质量,员工腾军及他的同事们赶制出 6 台校验设备(正常设计制造周期为 30 天,日夜兼程与全力以赴使设备在 10 天完工),以满足对 17 万台重合闸开关逐一进行出厂前的综合校验、集成测试的质量检验要求,确保所有产品完成在线检测方可出厂,在第一流通环节杜绝产品出现质量问题。制作过程中,但凡有一点问题,驻扎现场的技术人员便快速响应进行应急处理。

"在行业里,模具的设备制造周期基本上在 30~40 天,正泰目前的 15 天算是领先业内。这次通过项目流程优化,10 天就完成模具的设计及制造连我们自己都没有想到。"模具工程及制造中心技术主管吴朋余说。

"从诺雅克智能电器事业部开始,到正泰仪表,再到客户手中,一个订单历时 45 天又跨越温沪两地,联动 7 大部门,本身就是一次突破。而这背后,更为可贵的是,不同产业、不同部门的正泰人主动跳出部门本位，在观念和行动上进行深度融合与全面协作，真正发挥出了正泰全产业链的优势。这是一次挑战不可能的惊喜，也是一次跨部门协作的大练兵。我相信，今后我们将越来越多地参与并见证这样的'惊喜'！"面对记者，李俐的脸上写满信心和期待。（节选自《挑战不可能——记"自动重合闸开关订单"背后的故事》邵玲丽/文）

# 第9章 产业协同

## 1 从利益共同体到命运共同体

对于正泰来说,"从利益共同体到命运共同体"这句话包括三层含义。第一层含义是企业内部"从利益共同体到命运共同体",第二层含义是企业上下游各产业链之间"从利益共同体到命运共同体",第三层含义是企业与客户之间"从利益共同体到命运共同体"。在这三层含义的关系里,第一层是后面两层的基础,而实现第三层是第一层和第二层两层的目的和归宿。

### ▶ 在企业内部形成"从利益共同体到命运共同体"

维护好员工的切身利益,是企业充分调动员工积极性、主动性、创造性的关键因素,也是实现企业持续健康发展的重要保障。

1994年,正泰提出了"财聚人散,财散人聚"的价值取向,"价值分享文化"从此成为正泰企业文化的显著特征。

针对不同群体特点,正泰采取差异化的短期、中期及长期激励措施来满足员工发展需要，从提供舒适的工作和生活环境，到社会保障、薪资收入、职位晋升、精神奖励、成就事业等多个方面让员工分享企业发展的成果，多层次满足员工的需要，解决员工的后顾之忧。

**实际案例**

张工来正泰电工已经七八年了，老家在辽宁，平时很少回家。"以前没有俱乐部时，下班后基本上是直接回宿舍看电视。现在好了，俱乐部里各种器材和设施都有，每天都等俱乐部关门后才回宿舍。"张工说，这让他在业余时间有了好去处。

"为员工创造温馨、舒适的工作和生活环境，完成文体设施，并开展丰富多彩的文体活动，让员工在快乐工作的同时，从内心深处感受到生活的幸福。"谈起打造员工幸福工程的初衷，正泰电工工会主席表示。

（节选自《正泰电工倾情打造员工幸福之家》黔君/文）

人才资源是企业最宝贵的资源。重视人才，就等于重视自己的企业。爱护人才，就等于爱护自己的企业。正泰提出，要首先让科技人员成为"百万富翁"，甚至"千万富翁"，让更多顶尖人才执有"恒产"保持"恒心"。

**实际案例**

早在1996年，正泰集团就召开了第一届科技大会，出台了激励技术进步的16条措施，规定每年拿出销售额的5%作为研发经费。同时，通过入股等激励政策，让科技人员先富起来。"我们公司里面成为'千万富翁'的科技人员也不少了，让科技人员首先富起来，企业才能够大发展，才能实现产业报国的理念。"来自浙江省浦江县农村的寿国春，1989年进入正泰时只是一名普通电工。通过潜心钻研，他参与研制的CJX2交流接触器在尤里卡国际发明博览会上荣获金奖，为正泰带来巨大效益。为此，董事会决定把正泰集团第一分公司当年的10%的股权转让给他。

对于财富，南存辉始终保持着一颗平常心。他在企业经营过程中，不断稀释自己的股权，这也正是他能够做大正泰的原因。为了吸引到更多的中高端人才，南存辉放弃了部分股权，通过管理入股、技术入股及经营入股各种方式，吸收了数百名各类新股东，"我现在大概有20%多的股份了。我个人不主张持有那么多的股份，我也愿意和人分享。""无论对分公司、合资公司和员工来说，我们第一步都是把大家变成利益共同体，利益共享，第二步再逐渐变成命运共同体，正泰就是你，你就是正泰，这样才能走得更远。"

作为一家民营企业，正泰已走过三十多个年头，从最初的8位员工到现在三万多员工，年销售从不到1万元到突破700亿元。在企业不断实现转型升级的背后，正泰价值分享的企业文化起着巨大的推动作用，正是在这样的文化背景下，企业才能把大家从利益共同体变成团结越来越紧密，爆发力越来越强劲的命运共同体。可以说，企业价值分享文化是正泰企业文化的灵魂，是正泰的核心竞争力。

其实，每个企业都是一个利益共同体，但是一个企业只有让自己的目标、使命、愿景、价值观得到每一位内部成员的认同，并深深植入每一位内部成员的心中，企业才能真正实现价值共识、风险共担、利益共享，才能真正从利益共同体到命运共同体，才能充分调动企业内部的凝聚力和战斗力。

### 实际案例

这些年来，正泰努力地让从经过员工提炼的价值观又能够回归到员工，进入到员工的头脑之中，落实到员工的行动之上，最终让正泰价值观体系能够成为广大员工的思想共识、行为准则。

在这个过程中，正泰努力做到三点：第一，让企业文化能够融合于企业的制度建设之中，让制度建设充分体现企业文化的内涵。第二，让企业文化能够融化于企业的工作流程之中。在这个过程中，不断地检查各项工作流程是否符合企业文化要求，凡符合的坚持，不符合的进行修正，凡是背离的予以抛弃。第三，努力让企业文化融化于员工的成长之中。这一点很重要。企业文化要想成为一种生产力，首先要来自员工，第二要得到员工的认同，第三要员工自觉地实践，这才能成为一种真正意义上的文化自觉。（节选自《让企业的价值观来自员工又回归员工》林可夫/文）

## ▶ 企业上下游各产业链之间形成"从利益共同体到命运共同体"

三十多年间，正泰坚持价值分享理念不动摇，与上下游多方携手、精诚合作，形成资源共享、互利共赢、协同发展的"生态链"。

20世纪90年代，当大量柳市的电器企业面临着生死存亡时，南存辉告诉同行，如果愿意，大家可以加盟正泰，可以租用正泰的品牌，正泰负责生产质量的管理。经过一年多时间，几十家大大小小的企业加盟了正泰。

此后，正泰用有形资产及无形资产作为投入，对上下游各类企业进行控股，逐渐拓展产业链。在对待自己股权的问题上，南存辉也不像一般家族企业的管理者那样保守，比如扩大合伙人队伍以及参控股其他电器制造商，将外部企业正式纳入至正泰集团板块，经过多次股权稀释后，南存辉个人的股权从100%下降到了不到30%。

"股份相对比例降低了，但是蛋糕大了，拥有的资产绝对数量增加了。"南存辉认为这是企业可持续发展的必然选择。

正泰在促进上下游各产业链之间形成"从利益共同体到命运共同体"的过程中，除了股权分享，还创造性地采取了其他多种方式。

> **实际案例**
>
> 随着正泰不断地发展壮大,上下游产业链上的企业越来越多,仅正泰在温州地区的供方数量就有数百家,涉及从业人员5万多人。
>
> 如何将上、下游的中小微企业带动起来,从思想理念上引导他们健康发展?在全国民营企业中,正泰集团充分发挥公司党委作为全国先进基层党组织的辐射、引领作用,开创"产业链党建"先河,帮扶上下游协作企业建立20多个党支部,实现产、供、销系统党建工作全覆盖。
>
> 也正是经过这样长期的合作,正泰与供应商、经销商逐步由单纯的"利益共同体"进化为牢固的"命运共同体"。
>
> 在一次会议上,一位供方负责人深深感动于正泰对他们的帮助,感慨地说:"我们公司是没有挂正泰牌子的正泰企业,我们的员工是不穿正泰工作服的正泰人。跟着正泰走,没有错!"(节选自《正泰构建企业生态群营造产业链竞争优势》白丽媛/文)

## ▶ 企业与客户之间"从利益共同体到命运共同体"

南存辉讲过这样一个故事:有位和尚,每次化缘回来,都要经过一条又黑又长的弄堂,经常和人撞到一起。一天,和尚化缘回来经过弄堂时,突然眼前一亮——弄堂里有人打起了一盏灯笼。走到近前,才发现是一位盲人。和尚觉得奇怪,你看不见为何打灯笼?盲人说,我以前走夜路,经常被人撞到,自从打了灯笼后,就没人撞到我了。

"照亮别人的时候,也在照亮自己。"南存辉说,企业发展的最大责任,是要为社会创造价值。企业只有为客户着想、为客户服务、为客户做出贡献,企业才能实现不断发展,这是一个互利共赢的关系。企业行为背离了客户的利益,就等于背离了自己的利益。所以,企业要完全站在客户的角度来思考和实践,就算要改变原来的技术、做法、构架、系统、思路，也要满足客户需求，在不断满足客户需求的基础上，企业和客户才能形成长期的合作关系，才能形成"从利益共同体到命运共同体"。

### 实际案例

2017年内蒙古自治区成立70周年庆典。呼和浩特供电应急指挥部通知陕西鸥越电气成套厂，要求庆典会场内使用的配电柜相关的主要元件厂商都需到场参加应急预案小组，临时待命，以确保电力持续可靠安全地供应，直到大会圆满结束。正泰客服部驻内蒙古技术服务工程师齐工接到电话通知后，立即向正泰电器总部汇报情况，公司领导了解情况后高度重视此次巡检排查工作，立即调派北京办售后服务工程师熊选升前往内蒙古协助。呼和塔拉会议中心主场馆使用了四百多面配电柜和照明箱，配电箱内均采用的是正泰双电源及塑壳断路器开关，场馆面积大，任务重，数量多，时间紧，加之配电照明箱分布不集中等困难。会前一天的12点和14点两名技术服务工程师分别从包头和北京出发赶到了现场，比供电应急指挥部要求的时间提前一晚赶到现场。两位顾不上休息，提前进入现场对配电展开巡检排查，发现双电源负载处零线接错，双电源经常烧保险丝情况发生，外接指示灯显示异常，接触器NCH8-20A烧坏等问题及时进行了处理，所幸没有发现难以处理的隐患和产品故障。

庆典当天会场应急指挥部对各配合厂家进行点名报到，在点名过程中看到正泰穿着统一的工作服和携带着专业的抢修工具时，指挥部领导当场表示认可正泰有着正规和专业化的服务！

## 2 "以大带小"拓展与整合产业链资源

企业进行产业链整合是为了以更高的效率走完产品创新、生产、仓储、运输、采购、订单处理和终端零售等整条产业链的各个环节，从而实现降低成本、推动创新发展、形成品牌优势等目标。作为国内工业电器龙头企业和新能源领军企业，正泰集团的产业已经涵盖高低压电器、输配电设备、仪器仪表、建筑电器、汽车零部件、工业自动化、太阳能光伏发电、高端装备制造、计算机技术等领域，正泰三十多年来的发展得益于产业链整合。反过来，正泰在价值分享理念的指引下，也帮助产业链上下游企业建立起合作共赢、有机和谐的企业生态圈，探索出了独具特色的"正泰帮扶模式"，带动了一大批中小微企业共同发展。

目前正泰集团上下游产业链上有4000多家大大小小的企业，这些上下游企业大多是处于成长期的中小微企业，为了帮助这些企业成长，正泰集团提出要"在困难的时候帮一把，在关键的时候拉一下，在刚起步的时候送一程。"

"我不仅要自己坚持一心一意做实业，聚精会神创品牌，把正泰做到行业龙头企业。还要帮助更多的中小微企业共同成长，共同创造一个稳定的实体经济圈。"南存辉认为，"与供应链上下游中小微企业互助共赢，既是大企业的社会责任所在，是我们自身可持续发展的需要，也是眼下中国经济转型升级提出的新要求。特别是对新生代正泰人的培养，让企业传承，使企业更好发展的重要内容之一。"

南存辉将"正泰帮扶模式"概括为四点："一是帮助他们建立与完善运营体系，促进向规范化、精细化管理方式转变。二是帮助他们进行技术与工艺装备改造，引导开展技术创新，淘汰落后生产工艺设备。三是帮助他们全面提升生产与响应能力，构建电子商务平台，实现产销有效衔接与信息共享。四是帮助强化他们团队建设，培养各类管理与专业人才。"

第 9 章　产业协同

▶ **帮助建立与完善运营体系，引领产业链上各企业科学持续发展**

2008 年，正泰提出"构建战略合作、实现互助共赢"的战略举措，并成立了专门的对接帮扶团队，按照"现场诊断、制定方案、驻点帮扶、验收总结、持续跟进"的步骤，对供应商、经销商企业，分层次、分阶段、因地制宜开展个性化、定制化的帮扶提升。

2009 年，正泰成立了"销售渠道提升办公室"，对下游企业进行全方位提升，除了提供"信息平台、物流平台、技术服务、信用资金"四大平台，还对企业内部经营管理、物流配送体系、品牌形象塑造、分销体系建设、行业市场拓展等方面给予支持。

**实际案例**

> 作为正泰供方的杭州萧山江海工艺品有限公司，2012 年以前，只是一个年销售额不足 2000 万元、濒临倒闭的工艺品企业。总经理曹解洪说，正泰团队在考察分析后，每月数次派出技术员，上门指导其积极改进管理，提升技术与管理水平。短短几年间，企业迎来井喷式发展，不仅成为正泰的重要供应商，其生产的电池片产品，还出口多个国家和地区，现在年销售额预计可以突破 5 亿元。（节选自《正泰构建企业生态群 营造产业链竞争优势》白丽媛/文）

仅 2009 年一年正泰就帮扶 88 家供方企业，其中达标 54 家，取得绿色供方资格 40 家。当年还对 240 家供方共计 600 余人开展了 13 期培训，内容涉及供方审核标准、质量管理、生产管理、仓储管理、6S 管理以及现场答疑等方面。通过帮扶，供方取得显著成效，产品一次送检合格率、产品退货率、平均万元质量损失等关键因素均有明显改善。

除了在经营管理上进行帮扶外，正泰还十分注重在思想上引领，把产业链党建工作纳入工作重点。力争党建工作覆盖整个产业链的产、供、销系统。向上游供方协作企业和下游销售企业输出正泰党建经验。帮助产业链上各党组织走上规范化、制度化轨道。做到"产业链延伸到哪里，党组织就建到哪里，党的活动就开展到哪里，党员作用就发挥到哪里"。

全球金融危机中，一家和正泰合作近20年的经销商出现了资金链断裂的风险，经营一度陷入困境。最后，南存辉力排众议，在公司董事会上，呼吁各位董事救助这家企业。

"面对这一情况，当时有人劝我说，经销商资金断裂是他们自身经营不善，和我们无关。甚至还有人对我说，正泰可以借机淘汰这家经销商，建立自己的直销公司，赚取更多利润。但我没有这样做，20年来共同合作奋斗的情谊不允许我这样做，企业家的社会责任不允许我这样做，党和政府多年来的教育引导更不允许我这样做。"南存辉说，"市场经济是一个完整的绿色生态，既需要顶天立地的大企业，也需要铺天盖地的小微企业。一个大企业的成长，需要一批合格稳定的供应商，也需要一个健康有效的销售网。"

▶ **帮助产业链上企业进行技术、工艺装备改造，推动技术创新**

正泰产业链上有大大小小的供应商2000多家，供应商的管理水平、生产能力和技术能力等都会影响到正泰的运营成本，其产品质量的高低、好坏更直接影响到正泰产品的质量和企业品牌形象。因此，正泰以管控机制、技术提升、工艺装备改造、技术创新、流程再造为主线，在人、财、物、供、产、销、管各个方面对产业链上面的中小企业进行系统评估，找准薄弱环节进行重点整改，有力地提升了产品质量，进一步保证了正泰产品的质量立于不败之地。

在正泰的帮扶下，正泰与供应商间实现了资源与利益的有效整合，构建起了高质、稳定的供应链条。如对技术难点、重大问题，只凭供应商的力量一时无法解决或根本无法解决时，正泰就组织供方一起进行技术攻关，并在技术、管理、人才等方面给予指导。在共赢理念的指引下,供方与正泰结成了战略合作伙伴关系,与正泰共同发展壮大。

> **实际案例**
>
> 创办于 1997 年的温州宏丰合金公司,最初只是一家生产电接触复合材料的作坊小厂,南存辉团队考察分析之后,指导其积极改进管理,提升技术水平,搭建电子商务平台,如今已发展成为正泰核心供应商之一。2012 年初,这家公司成功登陆创业板,成为我国电接触新材料行业第一家上市公司。(节选自《以大带小实现共赢——专访正泰集团董事长南存辉》刘乐/文)
>
> "作为正泰的供方,我们在正泰'严要求、高标准'下,产品品质得到大幅提升,生产管理的缺陷也逐一克服。在正泰'优扶办'的帮扶下,企业与正泰搭建出一条高品质、稳定的互通链条,正泰真正做到了'以大带小、共赢发展!'"温州天力弹簧有限公司总经理赵瑜说,天力从一家名不见经传的家庭作坊发展至如今年产值超 7000 万元的企业,与正泰的大力帮扶是分不开的。(节选自《正泰构建企业生态群营造产业链竞争优势》白丽媛/文)

"正泰要做的不是简单的授之以'鱼',更要授之以'渔',让这些中小微企业的整体水平得到提升,成长为能够独当一面的优质企业。"南存辉说。

▶ **帮助企业全面提升生产与响应能力,推进产销有效衔接与信息共享**

2013 年,正泰积极探索招标采购的创新方式,开发和开通采购信息网,完善招标采购业务流程。在巩固现有绿色供方基础上,有序推进电子元件、冲压件等零部件招标,既巩固了现有优秀供方基础,也有效优化了供方结构,降低了采购成本。设计各产业生产采购系统的垂直管理标准，充分发挥"协同管理、统筹支持"的职能作用，开展集团生产资源共享，构建集团生产采购信息平台，实现集团范围内价格、供方等采购信息的共享。

正泰先后自掏腰包，投入 2000 万元，帮助近 200 家供应商构建电子商务平台，又投入 1800 多万元，辅导 300 多家骨干经销商建立电子商务平台。公司还投入 2700 余万元，帮助 180 多家经销商建立了形象店。而正泰乐清小额贷款公司则针对部分中小企业"融资难、融资贵"等问题，已累计投放资金 23 亿元，惠及 620 多户小微企业和个体户，帮助了一批企业渡过了难关。

在正泰的有效帮扶和引导下，一批小微企业逐渐做强、做大。如温州福达合金公司与正泰合作之初，只是一个年销售额千万元左右的小企业。正泰通过制订专项帮扶计划，引导其做专、做精，突出优势，经营业绩快速增长，做到了"行业老大""全国冠军"。

据统计，2011 年来，供方综合生产效率提高了 1.6 倍，产品一次送检合格率提高了 3%，年均减少制造成本约 303 万元。

▶ **帮助强化团队建设，培养各类管理与专业人才**

在当前国内民营企业普遍面临代际传承的关键时期，正泰电器推出的"新生代"营销精英培训平台，正在培育、见证"创二代"营销精英们的新面貌、新成长和新未来。

正泰"新生代"培训班自 2013 年开班以来，已累计开展 5 期，来自全国 30 多个省市地区的 150 多位正泰经销商子女参加了培训，学员平均年龄 26 岁。

从培训的课程设置来看，既有宏观层面的正泰企业文化解读、市场形势与策略分析，也有微观层面的营销战略升级、策略创新与客户拓展维护。既有企业人力资源管理与商务礼仪，也有信用、税务、核算风险与控制等财务实战知识。从营销知识与实践的"虚实结合"到物流模块典型例分享,为企业的新生代经销商提供了一个系统性、阶梯式、循环化的营销系统培训平台。

来自四川的新生代经销商陈飞跃告诉记者,"管理好一个团队并不容易,传统的运营管理模式遭遇了很多新问题,正泰针对销售、运营、物流、财务等方面的体系化培训与一站式帮扶,非常接地气和有针对性,切切实实帮助我们解决当前企业发展的痛点和短板。"

截至 2015 年,正泰为上下游协作企业开展了 300 多期质量管理提升、精益生产等相关培训,培养了 700 多名质量、物流等岗位专业人员,累计帮扶供方 350 家,支持 270 多家供方企业深入开展技术创新,累计投入技改、工艺改进资金一亿人民币。

因为"正泰的帮扶提升举措是真刀真枪、倾力而为的",所以才会有上下游相关企业发自肺腑的感慨——"我们的公司是没有挂正泰牌子的正泰企业,我们的员工是不穿正泰工作服的正泰人。"

## 3 面向全球的"资金+技术"

经过 30 多年的发展,正泰实现了从温州级制造到浙江级制造,从浙江级制造到中国级制造,从中国级制造到世界级制造三次巨大的跨越,最终成为一家面向全球的跨国级企业。

纵观正泰发展历程,正泰全球化的过程大体上经历了三个阶段。

▶ *产品走出去,实现从面向国内市场同时面向全球市场的跨越*

1993 年,正泰投入巨资,率先建起浙江规模巨大、设备先进的电器产品检测试验站。正泰按照国际标准,不断完善质量保证体系,并于 1994 年在全国同行业中率先通过了 ISO 9001 质量体系认证，成为全国低压电器行业及温州市首家获得该证书的企业。

为学习国际化经验，公司先后派出 1000 余人次分别到美国、德国、法国、瑞士、泰国、比利时、巴拿马、菲律宾、新加坡、阿联酋、澳大利亚、印度尼西亚等国家和地区考察学习。

随后，零星地开始了国际贸易，并不断扩大份额，正泰产品在国际上的知名度和美誉度逐年提升。1994 年，正泰集团外贸出口达 4000 万元，同比增长十多倍，居乐清市"三资"电器企业之首，被列为全国外商投资企业外贸出口的"双优"单位。

因为诚信经营和对质量的严格要求，正泰产品以优良的品质获得了客户的高度认可。基于此，正泰商标 1999 年被认定为"中国驰名商标"，正泰产品荣获"中国名牌"的认可，还获得了"全国质量管理奖""中国工业大奖""首届中国质量提名奖"等诸多奖项。2004 年 1 月，国家建设部批准的第一个以住宅电气部品为核心的住宅产业化基地落户正泰高科技工业园。"国家住宅产业化基地"的诞生，标志着正泰已经成为国家低压电器行业的标杆企业。

在中国加入 WTO 之际，正泰提出了实施"国际化、科技化、产业化"的发展战略，各子公司分别组建了低压电器、输配电、仪表、汽配等产业的国际贸易部，积极引进国际化经营管理人才，组建国际业务的专业团队。为打入国际市场，正泰产品通过了国际 CB 安全认证等，并于 2002 年取得了低压电器首张国家强制性认证（3C）证书，被称为中国"入世第一证"。2003 年正泰集团销售额首次突破百亿元大关，低压电器产销量连续多年位居国内行业首位。

与此同时，企业自主创新初见成效。高压成套设备被专家评定为国际领先水平，出口欧盟的燃气表获得全国首家 EEC 国际权威认证，新一代自动化系统获国家科学技术进步二等奖等。为摘取通向国际市场的"金钥匙"，正泰在多个国家通过了质量体系认证，并且申报境外商标专利。公司先后通过了 ISO 14001 环境体系认证、OHSA 18001 职业健康安全管理体系认证、国际 CB 安全认证、美国 UL 认证等。

美国是全球经济中心,是正泰全球化的重要一环。2009 年,正泰旗下高端品牌诺雅克电气开始进军美国市场。

正泰以空调暖通等细分专业市场作为突破口,充分利用自身完整的产业链及中国制造的成本优势,成功将高端产品打入美国市场,在北美市场已形成了较高的品牌认知度。

据时任正泰北美洲区总经理南尔介绍,美国市场对于产品的稳定性与一致性非常重视,"一旦产品质量出现问题,整个品牌都将被一票否决"。诺雅克电气坚持产品品质第一的原则,不仅赢得了市场,还以中高端产品的形象打破了美国电气行业对中国制造"低端"的成见。诺雅克电气在美拓展的另一大亮点是为重点客户提供定制化产品。现在诺雅克电气北美公司暨正泰电器北美洲区正式搬迁至交通便利的洛杉矶东区,新址面积达 2600 平方米,规划用于北美销售中心、工程中心、物流中心、营运中心等四大平台的建设与使用。除此之外,正泰的其他相关产业也在美国得到了不同程度的拓展,正泰新能源已向当地交付几个光伏电站,现在正泰的光伏组件在美也有一定数量的销售。

根据北美光伏业知名研究咨询机构 GTM 的调查报告,正泰电源已成为美国市场三相组串逆变器的第二大供应商,略低于第一名所占的市场份额。

随着产品全面进入国际市场,正泰的产品在国际上的知名度和美誉度也逐年提升,国际知名投资人赞誉:"颠覆了我对中国制造'低劣'的印象,也让我开始认真地去思考中美之间的文化异同。"

正泰集团坚持通过引进先进技术与自主创新相结合,不断增强技术创新力度,目前正泰已拥有自主知识产权的专利 4000 多项,这为企业品牌国际化提供了有力的技术支撑。

▶ *服务走出去,实现从"正泰制造"向"正泰品牌"的跨越*

在正泰产品品牌全球化的过程中,与之配套的是相关技术服务与运营服务。

| 让客户心动——深度解读正泰经营之道

**实际案例**

萨希瓦尔电站项目是"一带一路"建设中巴经济走廊的重点项目,自2015年7月31日开工建设,至2017年6月8日,顺利完成电站两台机组建成投产目标,是目前巴基斯坦单机容量最大、技术最先进、建设速度最快、节能环保的高效清洁燃煤发电机组。巴政府称之为"巴电力建设史上的奇迹"。该电站最关键的"主脑"部分——两台660MW机组的汽轮机、锅炉、发电机及辅助设备的全套自动化控制系统均由新华科技提供。在2017年的5月24日和6月8日,1号、2号机组分别顺利通过168小时满负荷试运行,标志着该电站成功投产,比原定竣工日期提早半年,创造了中国海外同类型机组建设速度新纪录,被夏巴兹称为"萨希瓦尔速度"。

正泰新华科技项目实施团队相关负责人表示,萨希瓦尔电站的自动控制系统由新华科技自主研发设计和制造,在确保建设效率的前提下,质量和运行上经受住了严苛的考验。电站两台机组完工后,顺利实现了锅炉水压、厂用带电、汽机冲转、并网发电和满负荷试运等9项运转"一次成功",确保了"文明、绿色、无缺陷"的启动目标。

据悉,萨希瓦尔电站项目顺利建成,预计年发电量可达90亿千瓦时,将满足巴基斯坦1000万人口的用电需求,有望填补巴基斯坦1/4的用电缺口。对有效缓解巴电力短缺现状,改善民生,促进巴经济社会发展,以及巩固中巴友谊,均具有重要意义。(节选自《萨希瓦尔电站投产发电正泰新华科技提供关键"主脑"》记者 白丽媛 通讯员 邢正步/文)

正泰在服务"走出去"方面有很多创新,包括投资开发太阳能电站直接售电、电力工程总包、物流服务、能效管理等。

### ▶ 资本走出去，实现从产品经营向资本经营的跨越

国际化不单是产品销售市场国际化、品牌经营国际化，而且要在条件成熟时，到海外投资组建工厂或公司，在海外上市等，实现生产经营本土化，以利于整合当地资源和生产要素优势"就地取财"。这是公司国际化的高级阶段，也是全面国际化的重要标志。随着中国市场经济的发展，中国公司国际竞争力的增强，资本走出去必将成为一种趋势。近年来，正泰在德国、西班牙、埃及、泰国、伊朗等国家和地区通过收购与开办工厂等方式积极开展资本走出去战略，努力打造新形势下合作共赢的新范式。

在"一带一路"沿线国家和地区，正泰的海外朋友圈不断扩员。目前，正泰与"一带一路"沿线百分之八十以上的国家和地区建立了不同程度的合作关系。

在巴基斯坦，正泰的变压器占该国电力系统 70% 的市场份额。在印度，正泰仅用一年多时间，使低压、输配电、新能源三大产业"全面开花"。在泰国，面积近 6 万平方米的正泰新能源工厂被业界视为拥有全球光伏行业最先进的自动化设备、质量检测设备以及高端生产技术的样本。

2014 年，正泰收购德国知名光伏企业 Conergy 旗下法兰克福（奥登）的组件业务。2016 年，正泰参股西班牙 GRABAT-石墨烯电池公司，培育新的战略增长点。2017 年，正泰收购新加坡日光电气，以后者为核心载体搭建亚太区域总部，完善全球研产销一体化布局。

对于跨国并购，南存辉始终保持清醒。在他看来，跨国并购应以战略为导向，整合全球优势资源，在风险可控的情况下，积极开展主业并购、战略性产业并购。"我一直强调，兼并收购要吃得下，还要消化得了。正泰不为并购而并购，不为走出去而走出去，而是为了更好地促进企业发展。"南存辉说，"我们现在是标准走出去，技术走出去，工厂走出去，资本走出去，而且我们输出自己的文化理念，走出去是为了走上去。"

南存辉表示，在企业做大做强走向全球的时候，产融结合非常关键，金融对

助推主业做大做强很有帮助。所以，除了通过投资建厂、并购整合的方式，正泰还直接涉足银行、保险和投资等金融领域，实现从传统制造业到参股控股金融行业的突破。

2015年，中国开闸民营银行试点。正泰作为发起人大股东，成立了温州民商银行，持有银行牌照。

同年3月8日，致力于丝绸之路经济带生态改善和光伏能源发展的股权投资基金——"绿丝路基金"在北京启动，首期募资300亿元，正泰集团是7家联合发起人和出资方之一。

同年4月7日，正泰等浙江省8家大型民营龙头企业和国内实力一流的基金公司之一的工银瑞信，共同发起成立的浙江民营企业联合投资股份有限公司（简称"浙民投"，被认为是浙江省最大的民营投资公司，南存辉出任董事长）召开创立大会暨第一次股东大会。

此外，正泰还是浙商财险的股东之一。

南存辉表示，正泰将继续强化与发挥正泰欧洲、正泰香港投融资平台的功能，加大境外投资合作力度，加快国际化布局：在北美、欧洲设立集研发、市场、物流、生产于一体的区域总部基地；在南美、中东、俄罗斯、非洲等新兴地区设立区域工厂；加强国际工程队伍力量，积极推进全球光伏电站、EPC工程总包、输配电工程投资建设；开展与国内外科研机构和高等院校的合作，构建全球研发体系。正泰的宏伟蓝图越来越清晰地呈现在世人面前。正泰也成为中国民营企业中一个极佳的"由产到融"，再到"产融结合"的典型样本。

# 第 10 章　团队建设

## *1*　充实人才储备，不断灌注新鲜活力

企业的竞争归根结底是人的竞争。一家优秀企业的背后一定有大量优秀的人才作为支撑，对于像正泰这样走向世界的公司来说，人才更是企业强大竞争力的关键因素之一。

几十年来，正泰始终坚持把人才视为企业的第一资源。曾经一位领导人感慨地对南存辉说，"正泰今天的成功，关键是你舍得下大力气把人才吸引过来。"这句话可谓一语道破天机。回顾正泰的发展史，我们可以大致把正泰人才队伍建设概括成两个阶段。

▶ **第一阶段——创业阶段，人才兴企**

1984 年南存辉和同学合伙创办乐清县求精开关厂（正泰前身）时，由于资金不足，无法加工产品零部件，只能赊零件组装，不仅产品结构单一，科技含量更是谈不上。要扩大产品生产范围，提升产品质量，增加产品科技含量，办法只

有一个，那就是借人才。

当时国内低压电器技术和产品质量最好的当属上海。考虑再三，南存辉到上海找到刚从上海人民电器厂退休的宋佩良、王中江、蒋基兴三位工程师寻求支援，并用"三顾茅庐"的诚心打动了他们。

在老工程师们的带领下，求精开关厂于1986年建起全国第一个民营企业热继电器实验室。1988年，首批领取了由国家机电部颁发的三个规格低压电器生产许可证。1990年，国家对柳市低压电器进行清理整治，凭着过硬的产品质量和合法的经营手续，求精开关厂成为政府扶持的对象，迅速扩大了规模。随后，求精开关厂一分为二，正泰由此诞生。

企业在快速发展过程中，企业管理必须要跟上，否则就会出现不可预期的问题，从而影响企业的持续发展。如何建立一套科学、规范、适用的管理制度，成为正泰当时面临的一大问题。到哪里去找懂管理的人才？南存辉对此颇感忧虑。

1991年的一天，公司会计倪彩荣告诉南存辉，温州市经委企管处的几位同志来了，问需不需要管理培训。企管处的徐巧兴主任原是市政府企管办的领导，对美国、日本的企业管理模式有一定的了解，在当年的政府扶持行动中，给过正泰很大的帮助。

南存辉把徐巧兴主任一行请到办公室详谈。果然，他们是带着详细的培训计划来的，培训内容包括定额管理、标准管理、计量管理、全面质量管理等一系列基础性管理的方法，而这些，正是正泰所急需的。

培训持续了整整两个月，培训完，大家一致认为培训内容很实用、很新鲜。这么好的理念如果能落到管理实际中去，正泰一定能得到更好的发展，南存辉当场向徐巧兴主任发出邀请，希望他能投身正泰的事业。

在南存辉的多次盛情邀请下，徐巧兴主任提前办理退休手续，加盟正泰。

正泰的基础性管理制度，大都是徐巧兴牵头建立起来的。他提出的集团化运营思想，成为正泰股份制改革、去家族化、实现跨越式发展的重要推动因素。在正泰内部，徐巧兴被称为正泰的军师，因为他，正泰向着现代企业制度迈出了非常重要的一步。

同时期，加盟正泰的还有正泰第一任党委书记吴炎。当时，他在温州市交通委任办公室主任，经过南存辉多次动员，他提前退休来到正泰。吴炎书记毫无保留地为正泰付出。他淡泊名利，多做事多做贡献，是他最大的乐趣。吴炎书记在正泰成立党支部，帮助正泰建立起最初的企业管理制度和企业文化机制，帮助正泰确立起发展的理念。吴炎书记的思想观念和精神品质，对南存辉正确的人生观、价值观的确立起到了相当深刻的作用，坚定了南存辉把企业做大做强的理想。

吴炎书记及徐巧兴等人的加入，使正泰的管理制度和企业文化机制得以成形，并逐步走上正轨。

2014年，正泰创业30周年纪念大会在温州召开。会上，一批为企业发展做出突出贡献的员工被分别授予"功勋元老""功勋人物""卓越人物""创新人物""创业人物"，他们作为正泰创业创新、人才兴企的典型代表受到了表彰。

创业阶段，重要人才的引进不少都是先由他人引荐，然后由南存辉亲自邀请加盟正泰的，还有通过其他"特殊"机缘加盟正泰的。他们对正泰的发展起到了非常重要的作用，历史影响深远。

### 实际案例

2006年，正泰正式投资进入太阳能光伏产业。实际上南存辉对进入这个领域筹备了好些年。"高科技新能源产业，一要有雄厚的资金，二要靠高端国际人才。"面对这个起点高投资大的行业，南存辉多次亲自赴美"三顾茅庐"，请来浙江正泰太阳能科技有限公司的多位高管。

南存辉的这个策略让国际上最先进的技术到达国内，使得民营企业快速和国际接轨。（节选自《100个海归撑起高科技 正泰用国际人才"装备"新能源》徐秀雯/文）

## ▶ 第二阶段——发展阶段，人才强企

经过几十年的发展，正泰由弱到强、由小到大，产业覆盖"发、输、储、变、配、用"电力设备全产业链，并布局城市轨道交通、能源装备制造业、储能新材料、能源互联网、投融资平台与企业孵化园等领域，综合实力连续多年名列中国民营企业500强前茅。在这种情况下，正泰的人才队伍建设也发展到了一个新的阶段，企业对人才的需求也发生了很多变化，特别是在企业的快速扩张过程中，只有搭建出一个完善的人才队伍建设机制，才能满足新形势下企业快速、高强度发展的需求。

为了能够找得到人、管得好人、用得好人、留得住人，正泰贯彻"以人为本，价值分离"的理念。正泰努力建立起一个公平、竞争、激励、高效的招才用才机制。创造一个有利于员工个性发展的工作环境，广开渠道招揽人才，不拘一格使用人才，想方设法培养人才，满足需要激励人才，感情投入留住人才，最大限度地发挥人力资源的潜能，不断加强内部人才梯度建设，不断突破企业发展的人才瓶颈。

正泰各产业公司根据产业发展、业务特征等情况，组建了各职系职类的专家招聘团队，推行"尊重个体差异、宏观选才、微观培育"的人才柔性引进模式和联动机制，建立各岗位面试评价标准及相应的评价工具和方法，推行了面试官资格认证制度，具有各职类各层级面试资格的人员达到500余人。建立了较为完善的人才引进渠道，每年通过校园招聘、社会招聘、网络招聘、猎头、项目合作、专家推荐、境外合作等渠道招聘各类管理和专业人才近千名。通过战略并购、战略合作等方式引进高端人才，如通过与上海电科电器战略合作引进100余名低压电器行业研发专家。与西安交通大学、浙江大学、华中科技大学等国内十几所知名高等院校合作，利用其委派的在校硕士、博士等研发人才共同研发项目，年均研发项目数十项。几年来，通过专家推荐、与国际专业招聘机构合作等渠道，引进具有海外背景和丰富工作经验的管理与专业人才260余人。多渠道收集各方人才资源，并已建立了具有近万名中高级人才的信息库。通过上述渠道的人才引进

为企业的可持续发展，积聚了大量的人才资源。

目前，在正泰三万多名员工中，大专及以上人员达45%，中高级职称专业人才约3000名，拥有国家"千人计划"人才、浙江省"千人计划"人才、教授级高工、博士约200人，具有海外工作背景的高端人才、外籍专家500余人。

正泰的人才队伍建设立足于三点：一是服务于公司的长远战略，二是服务于企业可持续发展的创新变革，三是服务于员工的职业发展。公司致力于创造一种公平竞争、自我激励、自我约束和促进优秀人才脱颖而出的选、育、用、留机制，帮助员工实现自我超越的职业生涯发展，从而最大限度地激发人力资源的潜能、促进企业和员工共同成长的目的。

本着"平等竞争、严格考核、择优录用、双向选择"的原则，正泰打破地域界限，建立了合理的流动用人制度，员工有70%以上来自全国各地。公司每年积极参与全国各地的人才招聘会，并常年通过网络招聘人才。现阶段，根据企业发展的经营战略需要，公司定向定位培养各类急需人才，为下一步拓展国际市场并与之接轨所需的各层次知识型人才，作出夯实的基础工作。

为适应公司的发展战略，正泰建立基于企业发展的战略人才储备机制。通过"继任者计划"建立人才梯队，形成应届大学生、班组长、主管层、经理层和总经理层的五级干部储备制，并推进技术、质量、销售、生产等专业人才发展通道的建设，提升人才竞争优势。

### 实际案例

正泰集团旗下正泰电器已经开展了多期"五鹰"训练营活动。

"五鹰"是指通过应届大学生的"雏鹰"、高绩效员工的"飞鹰"、主管层级的"蓝鹰"、经理层级的"精鹰"、总经理层级的"雄鹰"等培训项目，推进各层级人才梯队建设。

"五鹰"训练营属于正泰培训体系中的重点特色板块之一。"根据不同职类、层级的岗位要求及发展路径，公司设立了以专业技能为纵向，以管理技能、知识提升等为横向的矩阵培训模式，形成了完善的三级培训管理体系。"据正泰电器人力资源部负责人介绍，公司每年通过聘请内、外部专家通过面授、情景模拟、例会研讨、现场指导、拓展训练等方式开展多样化的培训，年均培训费用投入占工资总额的2％以上。（节选自《正泰人才观："企"无人则"止"》）

企业在经营过程中，除了发展快慢的问题，还会面临组织调整、竞争对手挖墙脚、新生代员工接力等问题，解决好这些问题才不会使组织和人才脱轨，从而影响企业发展。因此，企业在快速发展的同时，要努力实现自身的更新、升级和完善，把自身打造成为人才聚集之舞台，理想实践之场所，个人发展之乐土。基于这样的认识，从经营管理层到普通员工层，正泰重视每一个人才的发展。南存辉在各种场合多次表示，"不是正泰养活了几万名员工，而是几万名员工成就了正泰。"

## 2　培养得力干将是每个管理者的重要任务

在罗贯中写的《三国演义》中，诸葛亮的智慧与谋略几乎无人能敌，即便如此，在伐魏过程中，他带领的蜀国军队六出祁山，六次无功而返，最后积劳成疾，把自己累死在九丈原上。诸葛亮的神机妙算，没有人不佩服，但是从一个管理者角度来看，诸葛亮犯了很多管理者事必躬亲的通病，这一点可以说是他一统大业后为什么屡屡失败、后继乏人的重要原因。

对于企业来说，要长期发展下去，就必须有意识地在各个层面上培养事业的接班人。企业中每一个企业管理者都应该认识到，要把自己的事业做大做长久，单靠一两个能人的力量是远远不够的，企业的长远发展要靠培养更多优秀的人才，要把自身的历史经验、经营智慧传递下去，企业才能后继有人，持续发展。

所以从这个角度上来说,企业的每一位管理者都有一个其他人无法替代的重要职责与使命,即为企业培养后继人才。管理者的这一职责与使命,具有先天性、必然性、不可替代性。作为职能及业务部门的负责人,必须要担当起本部门人力资源管理的主要职责,包括录用、培育、选拔、举荐等。

根据正泰"十三·五"战略,"十三·五"末将实现销售收入1000亿元。为适应公司的发展战略,"十三·五"期间,人力资源建设重点推进5个"千人计划"(高级专业人才1000名,中高级技能型人才1000名,管理人才1000名,研发人才1000名,营销人才1000名)。正泰根据各产业公司发展中对人才的需求,实施以学习与发展为核心的人才培养模式,通过"继任者计划"建立人才梯队,提升人才竞争优势。结合公司业务特点及现有人员状况,建立以工作量与效能为导向的弹性定岗定编机制。建立战略人才储备机制,实施管理、技术、营销、质量等关键岗位5%~15%的人才储备等。

为了"千人计划""继任者计划"圆满完成,正泰要求企业的每一位管理者都要将培养业务骨干作为自己的一个重要任务。

要培养得力的下属,管理者应该做到如下几点。

### ▶ 身先士卒,率先垂范

一位世界著名的企业家说:"经营者自己必须站在最前头,以身作则,拼命工作"。

在职场上,上司对于其下属员工的影响是巨大的,管理者要在工作中,一马当先,身先士卒,率先垂范,树立标杆,这样才能在自己的团队里营造出这样一种相互学习、相互赶超的氛围。

> **实际案例**

　　1996年，风华正茂的陈玉进入正泰建筑电器，开启了在正泰的"学习"生涯。这此后的近18年间，从技术人员到副经理再到公司总经理，陈玉与建筑电器一起经历着各个时期的蜕变与成长。而这一切的变化都源于他在简单的工作生活中找到了充实的精神食粮——学习。"我的工作和生活非常简单，尤其是近年来，工作和学习构成了我生活的大部分。8小时内是这样，8小时外还是这样，这就是我的生活，也是我的工作。"把学习带入工作，把学习带入生活，陈玉对学习似乎有一种特别的情怀。

　　在学习中，陈玉不仅自己带头学习，他还带领大家共同学习。如他策划并组建了高管人文班、中层EMBA研修班、主管层蓝带特训班、大学生特训营等。他采取积分法、导师制等学习方式，组织团队系统地学习了《弟子规》《活法》《六项精进》等，掀起了一股学习的热潮。
（节选自《陈玉："学习力"是怎样炼成的》梁特光 陈德生/文）

　　2011年，高玉保作为浙江省"金蓝领"高技能人才，赴德国学习培训先进焊接技术，并取得德国国际焊接资格证书两项。高玉保坚信"快乐源自分享"，开设《焊接工艺》《焊接方法》《钎焊工艺》及《电阻焊》等8门专业课程，对公司高技能人才进行挖掘培养与传帮带。先后开展内部培训160余期、授课1500余学时，培养焊接多技能工120余名。

▶ **换位思考，为下属着想**

管理者要经常问自己几个问题。

（1）下属对自己的工作环境满意吗？

（2）下属跟我在一起，他们获得成长了吗？

（3）下属在我的带领下，工作开心吗？

（4）我在下属的眼里有哪些不足之处？

（5）下属是否会对我坦诚相待，表达真实想法？

管理者要在上述几个问题中去反思自己的工作，去严格要求自己不断提高。管理者要倾听员工的心声，努力成为团队里每一位成员职业道路上的"引路人"和"指明灯"，建设积极、和谐的工作氛围。

> **实际案例**
>
> 正泰党委出台思想政治工作"十条举措"，推行"五必谈，四必访"（岗位变动时必谈，受到批评或奖励时必谈，遇到困难时必谈，与人发生矛盾时必谈，提干或入党时必谈。家庭有纠纷时必访，生病住院时必访，生活有困难时必访，家有丧事必访）。实行员工援助计划（EAP），与康宁医院共同制定了心理健康援助计划，并培养了一支84人的正泰心理咨询师队伍，接受员工面询700多人次，电话咨询500多人次，发放心理健康宣传册3万多份。（《正泰集团"心灵港湾工作坊"把员工当亲人》林可夫/文）

### ▶ 要全面了解团队成员

作为管理人员，应该对自己团队成员的工作能力、知识结构、职业发展潜力、职业发展诉求、性格优缺点等进行全面的了解，管理者了解了团队成员的这些情况之后，才能有针对性地给予指导和提供帮助。

> **实际案例**
>
> 一般情况下,潘性莲总是提前半小时到公司,先处理一下案头的事情,然后就开始与人"聊天"。交谈宽泛却又具体,有时是工作本身,有时是思想状况,"大家心里都亮堂堂的,有什么就说什么"。
>
> 这种"聊天",使潘性莲以最快的速度掌握到公司各个岗位的特性和用人需求,尤其是对各经理层岗位,有了更具准确性的把握。当年她相中的那些"千里马",如今仍有很多人活跃在技术、质量和管理工作的重要岗位上。(《潘性莲:"聊天大师"的聚才术》向红英/文)

### ▶ 在团队中宣贯企业文化,培养成员的职业精神

充分利用班前会、班中会、班后会等机会加强对团队成员的教育,帮助团队成员认识、认同企业文化及经营理念,帮助他们树立正确的价值观,建立共同的目标追求。管理者应该通过以身示范,培养下属对企业的忠诚度,树立并强化优秀的职业精神和工作作风。

### ▶ 关心团队成员的切身利益

对职场里的员工而言,大多数人都想通过努力工作获得精神和物质上的满足,管理者要给团队成员提供成长的通道,留住优秀的员工。

南存辉明确指出,管理干部要时刻反思自己是否真正做到了"把员工当亲人",没有员工的发展就没有企业的发展,要把实现"人的自由而全面发展"作为企业发展的一个重要目标,努力实现员工发展与企业发展同步,员工共享发展成果。

每一位管理者,都应该把正泰在企业发展过程中形成的"企业应该成为成就员工发展的平台""管理的最高境界就是为员工提供发展平台""尊重员工、相信

员工、引导员工、发展员工、成就员工""要以员工自由而全面发展为基础"等系列理念贯彻、落实下去。

▶ **提供充分的锻炼机会，指导其提高**

管理者要尽可能地让团队成员独立完成任务，好让他们从实践中多历练自己，并根据具体情况，给予适当的指导和鼓励，帮助成员提升自身的能力和素质。团队成员的能力和素质提升了，团队的业绩才能得到提升。对明显存在知识、技能欠缺的成员，要适当地提供培训、学习机会。

**实际案例**

2003年进入正泰中自的阮立维，连年多次获得"销售明星""优秀员工"等荣誉称号，非常庆幸自己遇到了一位好领导——正泰中自水行业部带头人舒荣生经理。

"舒经理确实对我的影响非常大！我做销售就是受舒工的影响过来的。在做销售之前，我甚至不知道他全名。巧的是做销售后，舒经理正好是教导我的老师，不论是销售技巧还是专业技术知识，或是很多为人处事的方式方法，他从不藏私，都统统教授于我。可以说，我有今天的成绩，与舒经理无私的教导和关怀是分不开的。"阮立维说。（节选自《阮立维：他有销售秘籍吗》麻会会/文）

▶ **充分信任，合理授权**

信任程度越高，管理成本越低。管理者要强化上下级之间的信任关系，要尊重下属的不同意见，公正对待。不要事事亲力亲为，不要总是担心、焦虑、不放心下属的工作，还没有到提交结果的时间，就不要不时催促。要以结果为导向，鼓励创新，包容宽容，多沟通，多总结，多分享。

### ▶ 评选优秀，予以激励

对于有职业发展潜力的成员，要重点关注，帮助其提高各方面的素养，如大局意识、领导能力、决策能力、工作效率等。据统计，正泰每年平均有 25％左右的人员能获得专业等级的晋升，15％左右的骨干人员获得管理岗位晋升。

**实际案例**

张敏是正泰注塑车间流水线上的一名女工，不仅利用业余时间自学大专课程，还连续几年在公司组织相关的竞赛中获奖，2015 年，张敏所在班组的班长反复鼓励她去竞聘其他岗位，最终竞聘成功。

企业依靠从外部挖掘人才，不能解决长期发展的需求。最有效的方法是自己培养专属人才，为此正泰建立干部培养与员工职业发展机制。采取 H 型职业发展通道，依据岗位性质和工作特点，推进管理、专业技术、营销、生产、支持服务等 5 大职系 32 个职类的职业发展体系建设。员工可根据个人的特征、职业兴趣与专长选择最适合自己的发展路径。

正泰要求每位部门负责人要克服"太忙没有时间""培养职业技能不是我的事情""随时可以重新招人""这是培训部门的事情""教会徒弟害了师父""不敢授权"等消极思想。要经常站在公司长远发展的角度看问题，努力为公司培养人才，不断提高员工的忠诚度、工作积极性、创新能力、学习能力等职业精神和职业素养，不断提高团队的战斗力。

"我深知用好人、留住人的不易，因此也常常告诫公司的管理层，在当今互联网时代，要比以往任何一个时期更加注重将企业发展与员工职业生涯发展有机结合，要比以往任何一个时期更加注重建立企业与员工共创价值、共享成果、共担风险的长效机制。"让南存辉感到欣慰的是，"今天我仍能在年轻的正泰人身上，看到与当年的老功勋如出一辙的执着与清醒。所幸的是，今天手捧接力棒的他们，比老一辈正泰人有着更丰富的知识结构，更便捷地了解世界的途径。他们是正泰未来的希望。"

## 3　发现典型，树立典型，宣传典型

发现、树立、宣传先进典型对于企业文化建设、培育企业道德舆论环境、树立企业形象具有重要意义，能够对企业的技术创新、生产管理、服务优化、品牌塑造产生强大的推动作用。

回顾正泰的发展历史，一大批像吴炎、宋佩良、吴纪侠、戴知谦、蒋慈恩、徐巧兴、过润之这样的先进典型成了引领企业发展的精神旗帜，影响着企业上下的思想和行动。

在企业快速和转型发展的新形势下，典型引导工作必须与时俱进，不断加强典型示范效应。要将发现、树立、宣传先进典型，作为引导企业所有员工进行自我教育、自我提升的有效形式和重要途径，要将发现、树立、宣传先进典型，作为加强和改进企业文化建设工作的重要内容。

发现、树立、宣传先进典型，用贴近实际、生动鲜活的身边榜样去激励人、教育人、影响人，较容易被企业内广大员工所接受并取得实际效果。

**实际案例**

　　关于秀丽的一切，都是听到的，看到的。她在质量辩论赛上获得第一，所有人都看到了她的荣誉，却没有人知道在这光环的背后的付出。那段时间，她的业余时间都在背资料，准备着最后的冲刺。在那之后的很长一段时间都没了她的消息，注塑车间也少了秀丽的身影。我后来才知道，秀丽已经成为原材料仓库的管理员了。我不禁感叹，她的付出终于得到收获，很是替她感到高兴。而在我身上，那股向上的力量也在时刻鼓舞着我，就像黑夜里的北极星，照亮了我前进的路。

在接下来的时间里，我尝试着向秀丽学习：报考大专，积极参加公司组织的活动；利用别人玩的时间在宿舍赶论文。当作品被评为优秀的时候，第一次尝到了成功的滋味。与此同时，听到有人说我爱表现，也感受到了秀丽那时所承担的压力与委屈。这期间，我深刻地体会到她奋斗中所流出的汗滴与泪水。2012年，我也被评为优秀员工，2013年和2014年连续获得一等奖，在那些激动不已的日子里，都是这股向上的力量在牵引着我。（节选自《石秀丽：向上的力量》张敏/文）

发现、树立、宣传先进典型，能够让人深刻直观地理解诸如诚信精神、创业精神、创新精神、拼搏奉献精神等企业文化的内涵。通过先进典型起到示范带动作用，不仅能够改变员工的生活态度、精神状态、思想理念，也能够激活员工的工作方法、工作激情。也能够使企业的客户对企业精神文明建设、企业文化建设情况加深了解，建立起客户的信任和依赖。同时还能够对社会大众产生正面积极的影响。

树立和推介先进典型是一项复杂的系统性工程，企业需要有一个从培育到成熟的过程。具体来说，需要把握有以下几个环节。

## ▶ 发现典型，做好选树工作

选树典型，就是要发挥先进典型的旗帜作用、领头羊作用。这一点决定了所要选树的典型一定要有说服力，要有可信度。如何把具有说服力和可信度的先进典型挖掘出来，是树立先进典型的第一步工作。

发现典型是树立和宣传典型的基础。一般来说，发现典型有三种情况：第一种是在突发事件中出现的典型，第二种是通过常态化的选拔产生，第三种是通过有关线索调查寻找。第一种是在特殊情况下产生的先进典型，这种发现具有偶然性、被动性和不可预见性。第二种是经过日常工作中锻炼和培养,通过组织有关选拔活动脱颖而出。

> **实际案例**
>
> 2016年10月13日,温州市总工会与温州市人力资源和社会保障局联合公布了"温州市电气行业技能大赛"中的电子仪器仪表装配获奖名单,正泰仪表公司八位参赛选手均榜上有名,其中包揽了一等奖的三个名额。这样的成绩充分展示了正泰仪表公司在落实工匠精神,推进高技能人才队伍建设,培养高技能蓝领人才方面的独到之处。
>
> 由温州市工会主办,乐清市总工会承办的"全市电子仪器仪表装配技能大赛"于9月结束。9月19日上午,来自全市十几家电能表生产厂家近60多名参赛选手参加了统一的理论考试,21日又参加了实际操作比赛,要求每一位选手在一个小时内独立完成22只电能表的装配与校验。经过严格的理论测评与紧张的实际动手操作,两轮综合评定后评出最终名次。来自正泰仪表智能电表制造部感应表车间的陈金凤、刘德强和吴东春三位获得一等奖,余伟、胡绍灿、柴木旺、向群召等荣获二等奖,王念梅荣获三等奖。(《正泰仪表公司健儿全市技能比武竞风采》季节/文)

选树典型要来自生产管理、国内外市场开拓、科技创新等实践,要发动群众参与典型选树、宣传的全过程,这样典型才能够"立得住""叫得响"。

▶ *注重深度挖掘先进典型的背后故事*

发现典型以后,还要深入一线,继续挖掘典型人物背后更多的故事,多角度、多层面地呈现先进人物的模范事迹,努力塑造有温度、接地气、更丰满的鲜活形象,增强先进典型的感染力。

### 实际案例

董华师，男，1981年生，湖北武穴人，中共党员。2000年加入正泰，从一线工人成长为车间主任，现为正泰仪表公司综合主管。董华师工作认真负责，还是出了名的热心肠，曾多次拿出积蓄帮助同事，并积极参加各类志愿者公益活动。

这些年，董华师先后加入了乐清市新居民志愿者服务大队、乐清市禁毒志愿者大队等社会组织。作为核心骨干成员，每次活动，他都在自己小分队里走在前头。志愿者服务，一般都是哪里需要到哪里，从翻山越岭到进入山区服务也是常有的事，但他从未因此而心生埋怨，总是尽最大努力热心服务。去敬老院看望孤寡老人也是他常做的事情，有时是送些大米、面条、食用油等日常生活用品，有时则是打扫卫生、洗碗、洗衣服。这些事似乎已经成为他生活轨道中一个不能少的环节。

更具挑战性的是禁毒志愿者工作。董华师作为乐清市禁毒志愿者大队和新居民志愿者服务大队的一员，经常参加禁毒宣传工作，从未缺席过一场活动。有一次，他将禁毒宣传资料发放到一户人家时，对方非常抵触，不仅不配合，还辱骂他。碰到这种情况，不仅不能一走了之，反而还要耐心地将相关知识讲解好，让对方接受。如果没有坚强的信念，一般人是很难做到的。曾经也有人劝董华师，何苦费力不讨好，还牺牲这么多休息时间。他只是报以一笑，在他看来，做公益是自己实现人生价值的一种途径，一种选择。

正所谓"送人玫瑰，手有余香"。十多年来，董华师的身影遍及乐清的许多乡镇，帮助过的人也不计其数。他本人多次被乐清市志愿者服务工作委员会、共青团乐清市委、乐清市志愿者协会、乐清市禁毒专项斗争指挥部、北白象镇政府等评为"优秀志愿者""优秀禁毒志愿者""志愿者先进个人"等。（节选自《董华师："不务正业"的"大师"》韩君/文）

只有向先进典型学习，才会激发出做先进典型的冲动，然后才能戒骄戒躁、踏踏实实地从点滴做起，从助人为乐、勤奋工作等日常生活中的小事做起。

▶ **大力宣传典型、培养典型**

对先进典型要精心培养，通过宣传、表彰等方式给予肯定，并且在其后期的成长中给予悉心指导，成熟时及时通过提拔等方式进行激励、确认。

近年来，正泰特别加强了企业文化宣传工作，成立了专门的文化传播中心。通过如正泰网站、BBS论坛、企业自媒体平台、企业内刊、图书创作、主流媒体网站、各类文化活动等方式，搭建宣传典型的平台，积极开展企业文化传播活动。通过对先进典型进行深入挖掘，加强培养，完善激励措施等全方位跟进宣传和扶持，使一大批优秀人才脱颖而出，成为学习的榜样，达到"拨亮一盏灯，照亮一群人"的效果，在企业内部形成"比、学、赶、帮、超"人人争先的文化氛围。

**实际案例**

近来一直有人问我，为什么你能在不到四年的时间里从一个普通的基层员工一跃成为一个部门的副经理，而每当听到这个问题时，我总是微笑着答道："因为我来到了正泰。"的确，加入正泰无疑是我26年来做的最为正确的选择之一，她就像偌大的体育竞技场，为每一位员工慷慨地提供资源、创造机会，让每一位员工都能"用其智、尽其能"。回首过去的四年，第一次参加户外拓展的好奇与兴奋，第一次为了赶货通宵加班后的疲惫不堪，第一次参加质量月演讲比赛的忐忑与紧张，第一次被评为优秀员工后的百感交集，第一次参加岗位竞聘并成功竞聘后的激动万分……，这么多人生的第一次都是正泰给我创造的。每当想起这些我的心里总是充满感激，而我能做的唯有继续带领我的团队奋勇前进，迈向新的征程，奔向新的起点！（马佳军/文）

"一流的企业靠文化"。发现、树立、宣传先进典型，是一项长期的工作，只有持之以恒坚持下去，才能在促进企业全面健康快速发展方面显示出强大的效力。

# 三
# 服务策略篇

为什么说简单的服务往往很难做到?"客户永远是对的"这句话应该如何理解?在工作中怎么保证"客户永远是对的"?应该如何推进服务质量保障体系建设?提升客户满意度应该重点关注哪几个方面?

# 第 11 章　服务创造价值

## 1　"服务转型"：从被动到主动

有这样一句名言："简单的服务很重要，但却往往很难做到。"

为什么说简单的服务往往很难做到？因为这个问题深究起来涉及服务态度、服务水平、服务意识等很多方面。但不管问题有多少，归根结底，服务意识问题是最重要、最根本的问题，企业只有提升服务意识，将被动式服务转变为主动式服务，才能从根本上提升自己的服务。

在服务理念上，目前中国还有很多企业仍然停留在传统的被动式思维模式上，比较被动地面对客户，机械化地去做服务工作。这样的服务模式，很难对客户提供及时、高效、令人满意的服务。企业要提高服务水平，要提高服务竞争力，就必须从根本上转变这种思维模式，要将被动式服务的思维模式转变为主动式服务的思维模式，积极主动地创造创新服务、高效服务、精准服务、全程服务的办法，去努力达到比客户预期更佳的效果。企业只有在这样的转变中，才能实现服务品质的跨越式发展，才能实现竞争力的快速提升。

企业要转变被动服务为主动服务，需要从多个方面加以疏导和培养。

▶ **要在企业内部打造主动服务的文化氛围和工作环境**

引导员工在日常工作中从一点一滴的小事上去主动提供服务，培养和强化主动服务意识，将企业上下的主动服务意识由内而外（从对内部同事主动提供服务到对外部客户主动通过服务）地树立起来，巩固下来。

**实际案例**

在正泰电工15年如一日的热心大姐王兰梅，谁都知道王兰梅是解暑能手，只要有人中暑，大家首先想到的是王兰梅，而且王兰梅也很敬职，还有"解暑专家"这个称号。凡是公司员工有什么困难，王兰梅都慷慨解囊，尽管她的收入不高，但每次公司组织爱心捐助，王兰梅都踊跃捐款。当得知有同事住院时，她也主动前往医院看望。王兰梅说，大家在一起是缘分，就像一家人一样，互相帮助，是应该的。因而她深受同事的喜爱，被同事们尊称为"兰梅大姐"。（节选自《正泰报》2013年6月（总第35期）《温暖、感动和幸福》杨忠/文）

被动式的服务往往只是基本要求，是正常情况下应该做的部分。要把服务工作做到别人意料之外，做到"别人没有想到，我想到了""别人没有，我有""别人做到了，我做得更好"的境界。没有很强的主动服务意识，那是很难想象的。而要培养主动服务意识则必须在工作中从身边的小事做起，只有在内部形成尊重主动式服务的风气，才能培养出一批具有很强服务意识的员工，才能形成一支具有很强服务意识和很强服务战斗力的团队。

"在为别人服务时，要把别人的事当作自己的事去做。"事实上，提供主动式服务并没有多难，关键是有没有主动服务的意识，能不能站在客户的角度去为客户考虑。主动式服务本质来说就是一种服务意识的转变，就是一种服务思想的成熟,就是一种服务精神的提升。企业中的每个人都应该增强主动式服务的荣誉感和使命感,努力站在对方的立场上多思考,多观察,多交流,多总结,不断强化主动式服务意识,提升服务水平。

### ▶ 充分了解客户的需求,有针对性地提供主动服务

客户对服务的需求是企业提供主动式服务的前提和基础,只有按照客户需求提供服务,才能平衡好服务需求的无限性与企业资源的有限性之间的矛盾,才能避免服务与需求脱节,才能保证主动式服务的效率和效果。

要及时、精准、全面了解客户的需求,必须要在调查研究上下功夫。通过多种形式的调查研究,了解客户的现状、个性化需求及客户未来一段时间的发展需求。还要通过调查研究,把握产业发展趋势和时代需求,通过"走出去,请进来",努力整合多方资源,实现服务效果的最大化。

**实际案例**

针对户用光伏市场发展过快,专业人才匮乏导致项目质量良莠不齐,成为制约行业发展的关键瓶颈等问题。2017年正泰新能源正式成立正泰光伏学院。正泰光伏学院旨在打造公益性开放式培训平台,集聚产业同行、政府、协会等各方资源要素,为光伏产业培养户用光伏专业人才,助推光伏产业健康发展。

### ▶ 架起企业和客户之间的桥梁,增强主动服务的互动性

企业通过开展重点走访、召开座谈会与推介活动、组织参观、召开新品发布会、寄送企业内刊、发调查问卷等方式,保持和客户常态化联系,及时了解客户信息和市场信息。使客户及时了解企业可以为他们提供哪些服务,企业能帮助解决哪些问题,引导客户提出意见或者建议。

### 实际案例

2011年8月2日,浙江省第一家专业生产高、低压开关成套设备的杭开电气有限公司(简称"杭开公司")迎来了一批特殊的客人。他们是由诺雅克电气技术、质管、销售三大部门联合组成的客户巡访团。

在杭开公司车间里,一线操作工现场演示诺雅克9A产品的安装过程。配电电器开发部技术主管吴小伟也作了亲身尝试,并对操作工进行现场指导。他们共同寻找优化安装的方法,找出在产品设计制造方面需要改进的地方,使操作工安装起来更便利。座谈时,杭开技术工程师说,诺雅克产品外观很不错,具有"大牌气质",希望在细节方面努力做得更好。

第二天,诺雅克客户巡访团又马不停蹄地来到温州,拜访了内配客户——正泰成套设备制造有限公司(正泰集团子公司,简称"成套公司")的技术工程师们,作为兄弟单位的同行,双方座谈时更加坦率。成套公司低压设备产品部曾峰工程师提出了很多中肯的意见,比如最新样本资料在网站上找不到相关信息,无法掌握公司产品线的情况。主管来料检验的管工则细致地提出了7点产品改善意见。诺雅克配电电器开发部高级经理段育明针对他们提出的问题逐一解答,并表示回去之后认真总结,制定详细的改善方案。"之前对用户的使用习惯不了解,通过与终端客户的直接交流,获取了很多宝贵经验,避免走弯路。"段育明说。

这次是诺雅克开展的客户巡访活动的第一站。公司旨在鼓励技术工程师、质量工程师走出去,深入了解终端客户对公司产品的评价及改善意见,与客户的技术人员建立长期直接的联系,为今后更好地服务客户打下良好的基础。(节选自《诺雅克到客户中"寻宝"》冯佳妮/文)

企业可以通过组织相关的学者、专家见面会,让客户通过与他们面对面交流,了解市场、技术、产业政策等最新变化,交流产品研发、使用问题等。

▶ **适应新要求,创新服务模式,加强主动服务的便利性**

努力构建多层次、多网点、全覆盖的服务体系。在抓好自身阵地服务的同时,努力整合各类资源,建立互助协作的关系,发挥资源整合和资源管理的优势。优化主动服务的环境和条件,通过主动服务品质的提升,使客户感受到不一样的服务体验。

**实际案例**

正泰新能源大力推进打造国内领先的O2O分布式光伏服务平台,充分发挥全国销售网络和配套线下服务团队、电商平台、物流服务等全方位配套设施的优势,为家庭住宅和工商业建筑客户提供一站式分布式光伏发电系统的设计、安装、并网、运营和金融服务等。

目前,分布式光伏业务设立17个营销办事处。为提供快捷、便利的物流配送服务,设立18个物流中心。联合1000多家低压销售公司和3000多家品牌形象店,通过设立区域运维机构及与第三方合作,提供及时、便捷的运维服务。目前共配置专职的运维人员40余人,第三方合作机构109家。同时开发高效智能的运维平台(安能宝APP)实时监控、自动派单,实现"1小时响应,24小时现场服务"快速响应的服务。

"互联网+"为远程服务创造了条件,正泰逐步提高网络化服务水平,通过运用办公自动化手段,不断改进传统服务项目的工作流程,使服务变得更流畅、更高效。

> **实际案例**
>
> 正泰微社区打破了以往公众账号对用户单向推送信息的模式，以及用户之间无法实现直接交流互动的局限性，最后实现了用户与用户、用户与平台之间"多对多"的沟通。用户只需要关注正泰微信 ChintNews，点击底部菜单栏右下角的"正泰社区"，就可以在微社区里发话题、参与讨论、晒图晒心情。双向交流给用户带来更便捷、更畅快的互动体验。微社区的开辟是正泰大力建设新媒体平台的又一新举措。

▶ **提高服务队伍的整体素质**

正泰早已不再是单纯的"卖产品"，而是向 EPC 总包"交钥匙"工程、运营电站收电费等"卖服务"的模式转型，在这个过程转型中，正泰努力培养和造就复合型人才队伍。加强一专多能的学习和实践锻炼，建立以能者为师、互帮互学机制。努力提升团队的专业能力、组织协调能力、创新服务能力。不断培养更多的多面手，以便更好地服务客户。

服务无小事。正泰要求各级部门经理、主管、产业公司负责人都要以身作则，积极鼓励、引导、帮助员工把被动服务意识向主动服务意识转变。要通过"把小事做成精品，把细节做到极致"的服务要求，实现"宁可自己麻烦百次，不让客户麻烦一次"的服务效果。

## 2 让服务带来效益

近年来，正泰已经基本实现从"卖产品"到"卖产品＋卖服务"，再从"卖产品＋卖服务"向"服务型制造"的转型。通过这样的转型，正泰在激烈的市场竞争中，甚至在金融危机以及中外贸易摩擦中逆势而上、快速发展。现在，"卖服务"已经成为正泰一个非常重要的价值和利润获得点。未来，正泰将继续深化和加快向"服务型制造"的转型发展，不断提高服务型营收的占比。

### ▶ 重视服务的重要性及价值

传统观念认为，制造型企业盈利只能依靠生产加工。实际上这种认识是非常片面的，制造型企业的利润来源可以不只是生产加工环节。从整个价值链来看，生产加工环节一般处于价值链的低端，服务环节则处于价值链的高端。生产所创造的价值和服务所创造的价值相比，服务所创造的价值往往更大。另外一方面，在现代企业同质化竞争日趋严重、附加价值较小的情况下，企业只有通过加入服务要素才能增加更多的产品附加值，从而实现差异化竞争和发展。

正泰认为，工业化、信息化、城镇化和农业现代化的趋势，对于企业来说，具有巨大的发展空间。以正泰现在从事的地铁轨道交通业务为例，大概会有10万~20万亿的市场空间。有人预计，城镇化大概有40万亿的市场。建设美丽中国，积极应对气候环境挑战，将使各行各业都受益。企业要抓住这些机遇，获得持续发展，必须以强大的服务能力作为支撑。事实上，目前制造业企业越来越多地认识到提供优质服务的重要性，一些企业已经将提供优质服务作为其核心竞争力的重要组成部分，以更大程度地满足客户和市场的个性化需求。

满足客户需求是企业一切经营活动的出发点和落脚点。从市场营销角度来说，提供优质服务有利于增加客户重复购买、连带购买、推荐购买的概率，能够有效减少老客户流失并赢得更多的新客户，有利于降低企业的营销成本，有利于企业效益的持续增长。

> **实际案例**

把客户的需求当作"作战指令",用实际行动赢得客户的信任,做客户的"知心人"。热线服务、现场服务、安装调试、订单服务、配送服务、返厂维修、退换货服务、技术支持、商务支持、定制服务及自助服务等一系列的服务项目,这是正泰为客户提供的"定制服务菜单"。

与此同时,正泰客服部门也在服务软实力方面下足功夫。通过修订现场作业指导手册,提高安全操作意识及操作技能;组织技术服务团队成员参加培训,并取得国家认可的特殊岗位操作证书;按岗位进行多维度技能辅导,提高服务质量;以KPI为导向,制订整改措施,努力实现各项业务指标达标。

"15门客服座席,47名技术工程师,统一工作服,专业工具箱,又有正泰智能客服系统与APP服务平台配合,软硬件结合实现了对客户服务的'两条腿走路'。"作为正泰电器智能客服系统的超级管理员,郑慈灿把客服系统称为自己的"主战场",把奔波在外的同事称为"老战友"。

面对一些棘手问题,正泰客服也没有退缩过。正泰作为唯一一家国内企业与多家国际电器巨头一道为红沿河核电站的电力系统配套服务,公司的NM1LE-630型漏电产品应用其中。核电站管理方进行电站运行情况检查时,要求把NM1LE-630型漏电产品动作时间临时加长到1秒。

针对客户的临时改动要求,正泰组织相关技术专家先进行实验室试验操作,再由技术服务工程师赴现场对产品实行分闸后的技术改动。由于产品上端带电,在修改参数过程中的工作难度与安全风险系数大,因此在现场的很多国内外专家并不看好。

然而,凭着坚定的服务信念,正泰客户服务"攻城狮"们通过几天几夜的不懈努力,最终顺利啃掉了这块"硬骨头",令国际行业巨头的技术服务团队都刮目相看,更让客户对正泰这个"私人管家"的服务倍加信任。

正泰客服团队还主动开展靠前服务,走访重点经销商和昆仑产品指定经销商400余次,现场收集及处理用户反馈信息200余次,将真诚地服务送到客户身边。

如何才能做好客户的"私人管家"?正泰客服人员用实际行动告诉我们,就是要走到客户身边,走进客户心中,将"让客户满意"作为永恒的追求。拥有乔布斯所提倡的"右脑时代的同理心"——与客户感同身受,为全球客户提供"一站式""管家式"服务。(节选自《揭开正泰集团"工匠客服"的神秘面纱》刘孙峰/文)

提供良好的服务有助于强化客户对企业的信任,有助于企业及时、准确获取客户对产品和服务的意见,包括客户的潜在需求、深层次需求、市场信息等,有利于及时、有效推进企业产品开发、服务创新、战略调整等。

## ▶ 夯实服务型制造的支持体系

服务型制造需要有技术研发、生产管理、信息化建设等作为支撑。

作为新工业革命的核心,智能制造是一次涵盖研发、生产、销售、客户管理等全流程的转型过程。在生产管理层面,智能制造在规模化、标准化、自动化的基础上,还具有柔性化、定制化、可视化、绿色低碳等新特性。在客户需求层面,以客户需求为中心的制造模式取代了以产品供应为中心的传统模式。在产业层面,智能制造是建设工业互联网的基础条件之一。

> **实际案例**
>
> "从这个工厂出去的每件产品都有一张自己的身份证。"正泰新能源晶硅制造事业部副总经理韩玮智告诉记者。
>
> 进入每道工序前,在线扫码枪会自动扫描组件,确保系统自动分配不同规格组件的相应的工艺参数。一证在手,无须人工干预,光伏玻璃板就可满足个性化的定制需求,从而实现差异化销售。
>
> 此外,50个传感器通过大数据监控的方式保证了生产流程的标准化,一旦出现异常就会自动预警,直接定位出错环节,提高了合格率和生产效率。71个360度旋转的高清摄像头,也实现了生产流程的全透明。(节选自《每一块光伏电板都有"身份证"》南希/文)

要满足客户个性化需求,企业需要在精益生产、柔性生产、虚拟工厂等管理技术的基础上,对原有的流程进行重组与优化,提升管理技术水平,建立一个从制造到综合信息管理,从企业内部到企业外部相互协同的信息服务协同系统,以此控制服务全过程,实现线上与线下并行的O2O智能化服务。

> **实际案例**
>
> 正泰电器中国区分销业务副总经理丛军在接受采访时说,"大数据部的'数字正泰'让公司的销售分析上升到数据分析2.0版本。希望未来大数据系统要为使用对象服务,为对象设计数据系统,无论是精益管理者还是经销商等,都得让他们便于掌握,通过数据来支撑他们做管理决策,为高层服务。"(节选自《正泰大数据:从0到1之路》邵玲丽/文)

### ▶ 充分挖掘产业价值链上各环节的服务价值潜力

现代技术的发展使得制造业与服务业的功能日益融合，以至于两者的边界正在逐渐变得模糊，制造业和服务业的关系变得越来越紧密。企业需要在这个过程中，不断挖掘、释放产业价值链上各环节的服务价值潜力。

挖掘设计研发服务价值。通过众创、众设等方式，围绕客户需求，开展产品的设计研发。通过提供个性化、定制化的设计研发服务，使客户直接参与到企业的产品设计研发过程。按照客户的个性化需求组织生产，达到高效研发。同时帮助企业降本增效的目的。

挖掘生产管理服务价值。创新生产制造流程，通过自动化和智能化改造，实现生产制造高效运转，打通信息化建设，打通客户端、研发端、生产端、物流端和销售端，缩短产品研发、生产、销售全周期。

挖掘信息增值服务价值。在数字化制造时代，一切资源都要数字化，才能最大限度地发挥价值。利用大数据、云计算技术，不断挖掘设计、研发、维护等领域的价值。

挖掘市场营销服务价值。通过电子商务、O2O平台创新方式等打破传统销售模式，增强客户体验，满足客户个性化需求，实现口碑营销，达到降本增效的营销效果。

挖掘系统解决方案服务价值。产业链集群通过垂直整合，从而提供价值链的深度运营服务。伴随着生产方式的变革，企业向客户提供个性化的研发设计、总集成、总承包等服务正在成为一种趋势。

> **实际案例**

2012年,中国光伏产品遭遇欧美"双反"。在此形势下,南存辉带领正泰创新商业模式,由"单纯卖产品"向"EPC总包交钥匙工程""开发投资建电站"到"运营电站收电费卖服务"的转变。几年内,一座座正泰"太阳城"在美国、保加利亚、泰国、南非、日本、意大利等国家和地区拔地而起。

目前,正泰已在全球建成并网运营200多座地面光伏电站,总装机容量近3GW。在国内外实施了数百个"EPC工程总包交钥匙"项目,建立了覆盖"发电、输电、变电、配电、用电、储电"及管理运营各环节的产品与解决方案。(节选自《正泰集团从卖产品转向卖服务》许红洲/文)

# 第 12 章 服务永无止境

## 1 从满足需求到引领消费

引领消费本身就是一个创新的实践过程。

南存辉主张以市场需求为导向、技术研发为支撑的创新,要通过科技创新的支撑来创造需求,引领消费,最后由市场来检验。

### ▶ 以产品技术创新,满足需求和引领消费

技术创新需要持续大量的人力、物力、资金支持,但 30 多年来,正泰一直坚持技术自主创新不动摇。存钱不如存技术,有了科技创新才能引领市场,引领消费。根据产业的不同,正泰在研发上的投入比例始终保持在 3%～10%,在高端装备上的投入更是高达 50%。

**实际案例**

低压电器是正泰集团赖以起家的产品,如今尽管已居行业主导地位,但正泰始终居安思危,以工匠精神不断把这一传统当家产品做到极致。

为了推出引领市场的新一代产品——"昆仑"系列产品,正泰组建了一支400多人的专业研发团队,花3年时间,投入1.5亿元不断地进行打磨和升级。

正泰电器工程师晏刚说,在开发系列产品之一的塑壳断路器时,光模具就做了800多副。为设计一个小细节,短短5天时间内就做了36套方案,最后优中选优,确定一种最简单可靠的方案。到新产品上市前,"昆仑"系列已获得至少360项专利技术,并且通过7800多项可靠性测试。

南存辉评价"昆仑"系列产品是"一次颠覆式、创造需求、引领消费的过程,过程很痛苦,但必须这样做。"

因为产品饱含颠覆式、引领式的创新成果,所以"昆仑"系列一亮相,就供不应求。一位经销商表示,之所以愿意选择"昆仑"系列,原因在于其更精致漂亮的外观和更好的性能,而且操作更方便,但价格没有做调整,实在是个惊喜。

发扬技术引领的优良传统,正泰技术创新的脚步从来没有止步,"昆仑"系列产品品类还在不断丰富。

> **实际案例**

2018年1月8日，以"新时代 新机遇 新征程"为主题的正泰电器营销团拜会在杭州国际博览中心G20主会场隆重举行，来自全国各地的经销商上千人参加了本次盛会。会上，正泰仪表公司推出正泰"昆仑"系列新产品。该系列产品为电能表系列、导轨表系列、数显表系列三大类，一经亮相，便成为本次大会新亮点，聚焦全场眼球。

这三大系列"昆仑"产品秉承了正泰"昆仑"核心价值主张，集合整个仪表公司力量，融合对计量领域近20年的理解，倾心打造，使得产品更加安全可靠，更好地适应智能化、数字化体验。

据了解，本次正泰仪表"昆仑"系列又有四大方面的提升，计量更精准，绿色节能，安装更便捷，外观更新颖。如电能表系列从结构、优化、选材三个方面都做了大量改进性设计，解决了困扰同行多年的头痛问题，保证电能表在最炎热夏天，最大用电负荷也不会出现烧表的问题。产品多项指标超过行业标准，开创了行业产品可靠的新高度。导轨表系列具有体积小，功能强大。单相2个模数，三相4个模数。提供轻触按键，方便查询电量、电压、电流、功率等实时参数，可配置RS485等通信方式，方便数据远传组网。为保证小数量，多批次数显表响应速度、质量品质一致稳定。昆仑数显表是在仪表公司百万级别国网表同一个平台上设计，所有物料、电路、程序均借鉴国网成熟方案，关键器件采用世界知名品牌。通过软件自动校表减少人为失误的同时，也实现了误差数据的质量可追溯，这些匠心思路无不体现了正泰"昆仑"系列产品的优势及核心竞争力。

据悉，正泰仪表为了"昆仑"系列产品，配备了大量的资源。从酝酿、设计、开模、试验在项目上累计投入2000万；动员了60名核心研发人员；性能试验方面共开展了2508项可靠性试验，尤其引入国际先进IR46标准，开展了1000小时耐久性试验，66天阳光辐射试验，500h

双 85 试验。验证了产品的可靠性，实现了产品技术创新和将来全面智能制造适应性，保证了正泰"昆仑"产品的高可靠性和安全性。"昆仑"系列陆续通过欧盟 CE 认证，通过国家 CMC 认证，取得 ROHS 认证。(《"昆仑"系列再出匠品 正泰仪表"昆仑"产品三大系列耀世登场》张雷/文)

多年来，正泰构建开放式的研发体系，以灵活的机制借助技术入股、资金入股和股权激励、产融结合，建立共享的机制，高效推动着产品技术的快速更迭。从产品工艺技术创新到成套高端装备智能制造技术创新；从跟随型创新到以客户需求为中心的引领型创新；从企业快速响应市场的基础创新到与科研院校合作的前瞻性创新和以并购整合先进技术、构建全球研发体系的战略性创新。这些转变引领着市场和客户的需求。

▶ **提供个性化服务，满足需求和引领消费**

市场需求的日益多变，技术的进步，产品寿命周期的缩短都会使企业的生产、服务系统不断地发生变化。传统的企业经营管理模式已无法适应快速变化的市场，满足个性化需求已经成为一种趋势。

**实际案例**

正泰电气的"基于供需对接和数据驱动的个性化服务平台"获得"2017 年上海市工业互联网创新发展专项资金项目"专项补贴。通过平台的建设，正泰电气将全面完成从咨询、销售、设计、采购、生产、装配、检测、物流、服务等全数字化贯通和产业链上下游跨企业的协同，提高公司快速响应客户个性化需求的能力。

通过个性化服务平台，正泰电气将客户对象分为战略大客户、潜在客户和招投标客户的。通过个性化定制服务平台，分别实现在售前提供需求沟通、初步设计、交货期预估和智能报价等的服务，在售中实现客户定制产品生产数据采集与状态实时跟踪，在售后提供产品的远程运维、智能派工等服务支持。最终实现个性化定制产品服务的完整闭环。

正泰电气以工业互联网为契机，建设个性化服务平台，联动客户参与到售前、售中、售后全生命周期的个性化服务，实现精准快速对接客户需求、数字化的营销和设计、智能化的生产和服务，全面打造企业"连接用户"的能力、"打造好产品"的能力、"智能化供应链"的能力，推动正泰电气向大规模定制服务模式转型，实现产业链上下游企业的协同与创新，为装备制造行业实现大规模定制服务树立了典型。

前30年做电力设备，未来30年正泰将围绕"电"做文章，在"让电尽其所能"的信念指引下，努力深化个性化服务工作，充分激发市场活力。

▶ **通过创新商业模式，满足需求和引领消费**

正泰三十多年的创业过程，就是一个商业模式不断创新的过程。通过创新引领模式，正泰完成了从卖产品到建电站再到收电费、提供系统解决方案的演进。比如，在西部沙漠，正泰铺上太阳能光伏板，通过洗刷、遮阴，改善沙漠生态环境，同时促进游牧民的增收。另外，正泰积极响应国家政策，推进村级光伏电站，对农村进行扶贫。分布式的农村光伏屋顶项目采用买和租两种模式，以O2O线上线下互动的形式做到了全部连接。

**实际案例**

据悉，芝溪家园是浙江省单个小区面积最大、户数最多、安装率最高、施工时间最短的屋顶光伏项目。芝溪家园包括渡头、淳进、平连、坑头、上塘、金岭脚和上夫岗7个行政村，共1200户农户，至今已有近90%农户安装了屋顶分布式光伏电站。若全部安装并网，装机总容量可达 4MW，年发电量超过 400 万度，相当于年户均 3300 多度，不但可以满足全小区居民日常用电，还能给电网贡献相当一部分余电。而通过屋顶出租，整个小区农户每年可获得 80 万元左右收益，4 幢村级物业屋顶每年发电收益可达 22 万元左右。

屋顶出租，每户一年能赚 1000 元，还有冬暖夏凉的效果。

余长花是芝溪家园淳进村的农户。2016 年 8 月，她家的屋顶安装上了正泰屋顶分布式光伏电站，成为村里第一户安装光伏电站的家庭。安装完后还拿到了 1200 元的奖励费，其中 1000 元属于政府奖励，200 元是正泰的奖励。

除了奖励费，通过屋顶出租，余长花每年还能收入一笔租金。"我家的屋顶一共装了 14 块光伏电板。按照村里与正泰商定的价格，每块光伏电板我可以拿到的租金是 50 元钱一年，一共是 700 元。"余长花说，把闲置的屋顶租出来，对自家生活丝毫没有影响，每年还有租金拿，虽然不是大收入，但所得的租金差不多能承担家庭大半年的电费了。

平连村村支书郑立平家的屋顶装了 20 块光伏电板，一年的租金是 1000 元。除了租金，郑立平觉得，屋顶装光伏电站还有一个好处就是冬暖夏凉。"光伏电板相当于隔热层，而且吸收太阳光，夏天屋里低 3 到 5 度肯定有的。冬天等于多了一层保温层。"万一下冰雹什么的，还能保护屋顶的瓦片。

据郑立平介绍，芝溪家园的村民都是原来沐尘畲族乡迁来的移民，目前共 3000 多人。他从 2005 年移民到这里，至今已有 11 个年头。"村民的居住条件都差不多，像我们三口之家，住的是三层的楼房，每层 95 平方米，一共有 285 平方米。"

郑立平说，芝溪家园的村民大部分都在附近打工，务农的很少。"一亩良田的租金是 550 元左右。我们一个屋顶出租，相当于两亩良田

的租金了。"(节选自《正泰龙游芝溪家园项目成浙江省示范点》佚名/文)

光伏扶贫项目通过"新能源示范镇补一点、移民资金出一点、光伏企业让一点",村集体基本不用出钱。而且,农民通过正泰光伏扶贫工程,不仅能将用不完的电卖给国家,增加额外收益,还能按照实际发电量,获得各级政府给予农民的经济奖励。

通过整合各类资源,正泰帮助农民走出了一条脱贫致富之路。正泰的这种创新模式正在受到越来越多的客户欢迎。

## 2 增强客户体验,客户永远是对的

虽然乍听起来可能会让人难以接受,但"客户永远是对的"(这里的客户一词,具有极强的专业性、指向性、特定性),这句话富含深邃的经营哲学,能够给我们以深刻的启示。

"客户永远是对的"强调的是一种充分尊重客户的思想,只有在充分尊重客户的前提下,才能够实现与客户进行充分的沟通,只有在与客户进行充分沟通的基础上,才能提供最理想的服务,充分满足客户的需求。

### ▶ 对客户保持充分尊重

"客户永远是对的",这句话是对"客户"这个词的定义的强调,体现了对客户的充分尊重。创造客户、满足客户是企业赖以生存的根本,企业的一切工作必须"以客户为中心"。从根本上来说,企业是对应于客户而存在的,没有客户,就没有企业,企业与客户是相互对立、相互依存的关系,这是企业与客户之间的一个根本矛盾。所以,承认"客户永远是对的"是对企业存在意义的最深刻认可，即承认"客户永远是对的"就等于最深刻地承认了企业存在的理由。反之，如果认为"客户是错的"，那么就等于否认了企业存在的理由。因此，对于企业来说，"客户永远是对的"这句话毫不夸张，这句话换成另外一种说法就是——尊重客户就是尊重企业自己，企业对客户有多尊重就是对自己有多尊重。基于这样的理解，创业至今，无论正泰取得怎样的成绩，南存辉始终心存敬畏，他说："做人做事，要时时刻刻心存敬畏。个人能力有限，如果觉得天下本事我最大，那可能就是失败开始的时候。"

充分尊重客户最关键、最核心的体现是——站在客户的角度来看待问题。

### 实际案例

几年前，公司生产的一台变压器在客户使用时烧了，客户说有质量问题，而我们却认为不是质量问题。我们做了几十年变压器，怎么会烧呢？后经了解，原来是客户自己把线接反了。说明书上写得清清楚楚，但一些客户还是会不小心接反。

我问工作人员："有没有办法让客户不把线接反？"他说："可以在变压器上做好标记，这样就不会接错了。"于是，我当即让生产部门改变之前的变压器，在新的变压器上做好标记。

还有一次，我们分公司的产品售出，在使用过程中出现了故障，客户要求赔偿，而分公司经理认为产品本身没有问题，是客户在安装过程中操作方法错误导致的，结果事情闹得很大。我批评这位经理："质量没问题不等于没有责任，毕竟你没有教会客户正确的使用方法。按理说，公司在设计产品时就应该考虑标准化，不符合这个标准就无法安装，这样就最大限度地避免客户操作错误的问题产生了。"（摘自南存辉讲话）

"客户永远是对的。"南存辉多次严肃告诫员工，"必须从思想观念、质量意识上用脑用心。客户说不好，我们就态度要好。即便是对方的错，也别争论，想想可以避免再出现这类问题的方法，尽量做到多提示，想方设法让客户正确。"

事实上，随着经济全球化的发展，正泰已经把充分尊重客户的经营理念在更广层面上进行了延伸和推广。除了率先切实贯彻"客户永远是对的"的理念，正泰还通过积极建设"电器企业联盟""光伏联盟""光伏学院"等方式团结同行企业，推动业界形成充分尊重客户的氛围，探索并引领整个产业链的良性发展。

### ▶ 与客户进行充分沟通

如果你认为客户错了，或者客户认为你错了，一般都是产生了沟通障碍、双方没有能够进行充分沟通的一种表现。对于企业来说，绝对不能够因为客户不专业或者有误解就作出"客户错了"的结论。而是应该在和客户合作、沟通的时候，始终坚守"客户永远是对的"的信念，耐心、细致、创造性地和客户沟通，打消客户的疑问和疑虑，消除客户的误解和偏见，杜绝因为沟通问题而产生误时、误工等情况，推动服务良性、高效地开展。

**实际案例**

正泰电气打造创新发展生态体系，努力实现对客户的全程沟通与服务，全面完成产品从咨询、销售、设计、采购、生产、装配、检测、物流、服务等全数字化贯通和产业链上下游跨企业的协同，提高公司快速响应客户个性化需求的能力。

售前为客户提供了个性化产品宣传展示、需求沟通、初步设计、交货期预估和智能报价等服务，实现个性化定制产品供需过程的无缝对接。

售中及时获取客户个性化定制产品订单信息，驱动产品设计、排产、制造、交付等过程数据的采集与状态的实时跟踪，及时响应客户对产品变更，确保客户能够参与产品个性化定制的全过程。

售后及时响应客户个性化定制产品的服务需求，实现产品的远程运维、智能派工等服务支持，快速、高效地完成客户服务，并实时反馈服务状态，实现个性化定制产品服务的完整闭环。

此外，客户个性化产品的制造执行管理部分中，实现了产品的定制化生产、装配、检测等过程信息的高度透明化和柔性化，满足产品从生产任务下达到产品交付全业务流程的信息化管控。完成个性化产品生产过程追溯、质量追溯、物料追溯等全信息追溯，并能够对生产条件的变化作出迅速地响应，有效提升产品制造效率。

作为产品的使用者和服务的接受者，客户本就应该对企业提供的产品和服务拥有最大程度地发言权。当企业与客户发生分歧时，要始终坚持"客户永远是对的"的信念，摆正心态，冷静看待，主动找出分歧的所在，化解分歧。而不能消极、被动地等待分歧自动化解或者将分歧搁置不管。需要认识到出现分歧是企业品牌形象得到改进、创新和树立的契机。

"客户永远是对的"并不意味着企业就是错的，而是意味着企业需要去进行自我的提升，需要去获得客户的认可，需要去满足客户。

### 实际案例

积极与客户进行沟通，履行为客户创造价值的职责，新华（上海新华控制技术公司）自始至终站在客户的立场和角度上考虑全局工期进度，并妥善的解决一个个面临的困难。在项目进行过程中，其他厂商供应的部分辅网PIC设备（可编程逻辑控制器）与新华的DCS系统因为协议不匹配的问题导致无法正常通讯。经过数天的调试依然无法解决，一时之间整个系统安装调试无法如期进行而陷入了停滞状态，为此业主心急如焚。时间就是金钱，效率就是生命，为了保证工程总体进度，同时给客户解忧,新华主动向客户提出承担更改协议的任务。通过在马骏经理的积极斡旋和公司研发部门的大力协助下,根据现场状况进行相关技术协调的更改,顺利地完成了通讯连接的问题。(《为顾客创造价值:上海新华获客户点赞》米多/文)

### ▶ 充分理解和包容客户

坚守"客户永远是对的"的信念,还在于充分理解和包容客户。

"客户永远是对的",并不是说客户永远一点错误都不会犯,这个理念侧重于企业对自我的要求,要求企业始终把客户摆在"有理"的位置。在职业操守和合作精神的指引下,不仅"无理"要让人,"有理"也要让人。充分理解和包容客户不够专业、要求不太合理等现象,不与客人争输赢争对错,转而严格要求自己,在与客户做充分沟通的同时,努力从自身找原因,努力提升自身。

#### 实际案例

广东电网下辖某供电局分局下错订单:正泰仪表公司电力拓展部接到他们下的 6000 只 315 安的产品订单(实际应该是 250 安的产品,315 安的产品塑壳比较大,250 安的柜子是放不下去的,这一点客户本应该是知道的)。考虑到这个产品比较贵——价值 700 多万元,公司和客户反复确认订单,客户确定要 315 安的产品,于是照客户要求去做。做完 3000 只后,把产品送给客户,客户反馈说这个产品尺寸大了,柜子装不下去。为此,正泰仪表公司电力拓展部想了很多个解决方案,最终决定将现有产品重新修改规格、尺寸(需要重新出具国家强制实验报告),并上报公司总部。总部高层召开专题会议,下决心一定要解决这个问题,历时半个月,终于在客户的项目周期前全部解决。在这个过程中,虽然客户有很重要的责任或者说是主要责任,但是正泰仪表公司没有去追究客户的问题,也没有向客户索赔。而是承担所有的损失,深刻反思自己虽然把规格发给了客户，但没有考虑先把产品送过去试装，自己没有做好服务工作。后来，这家客户为了弥补正泰仪表公司在这个订单上面的损失，又追加了一个订单。

"客户永远是对的。"理解和包容客户的过错是企业提升自我、获得客户充分信赖的一个大内容。

客户的需求就是企业的奋斗目标。在处理与客户的关系时，企业只有始终站在客户的立场上，想客户之所想，急客户之所急，才能有效推动自身发展，更好地满足客户需求。

# 第 13 章　服务质量承诺

## *1*　服务质量的保障

正泰认为，对于一个企业来说，产品是有形的服务，服务是无形的产品，产品和服务二者是统一的、不可分割的关系，不能把产品只看作是产品，还要把产品看作是服务。应该把服务理念贯穿于企业的一切行为之中，坚决杜绝短视、片面的思想，杜绝任何急功近利的行为和表现，在日常工作中把一点一滴的事情做好、做实。

传统制造业企业发展的初始阶段，往往是单纯的产品思维，而不是服务思维。相对而言，服务思维是制造业企业思维方式发展的高级阶段。因为产品思维是一个点或一条线段的思维，而服务思维则是一条直线、一个面乃至是多维度的思维。相对于产品思维，服务思维具有连贯性、全面性、多元化等特点，可以说，服务思维是真正"以客户为中心"的思维模式。因此，企业需要构建服务质量保障体系来推动服务思维的落地。

几十年来，正泰致力于构建自身的服务质量保障体系，努力从企业组织建设、制度建设等方面不断完善自身的服务文化。正泰服务思维、服务文化的核心特征是慎独——正泰力求使企业中的所有人,所有人所做的所有工作,不仅要在别人看得见的地方做到精益求精,还要在别人看不见的地方也做到精益求精。正泰认为,每个企业都需要构建这样的文化,只有能做到慎独文化的企业员工才配谈以客户为中心、全心全意服务客户的精神。慎独文化是企业诚信精神和创新精神内在的根本保障。

作为董事长,南存辉以自己的慎独精神影响了身边的很多朋友和同事。

**实际案例**

"大家可能不知道,南董让我感触最深的,不是别的,而是一条小小的毛毯。"最近,在杭州市温州商会走进正泰的活动中,商会常务副会长陈建华向众人娓娓道来那场与南存辉的"空中邂逅"。"几年前在飞机上,无意中发现南董就坐在我的前排。便近距离观察起来,想看看这位家乡的'传奇'企业家究竟有何特别之处。就在临下飞机时,其他乘客都是随意把毛毯一掀,便急匆匆赶路。南董却很耐心地把毛毯叠得整整齐齐后才离开。"(节选自《一条毛毯见修为》泊芸 星楼/文)

可以说,企业建设服务质量保障体系的过程,就是一个建设企业诚信体系的过程,就是一个推动企业转型升级的过程,企业需要高度重视、持续推进。

企业建设服务质量保障体系的三大重要作用。

▶ **服务质量保障体系能够提升客户对企业的信心**

一般情况下,客户对于企业提供的任何形式的产品,总是会有所顾虑。因此创建企业的服务质量保障体系,不仅能够帮助客户在选择购买产品之前确定其获得的最低效用,而且能够增加客户的信心。

▶ **服务质量保障体系能够促使企业聚焦于客户需求**

企业建设服务质量保障体系必然要围绕解决客户最关心的问题,这恰恰能够强化企业上下"以客户为中心"的认识,帮助把握和满足客户的需求。

▶ **服务质量保障体系有利于客户积极提供反馈信息**

服务质量保障体系具有对外和对内的双重作用,帮助企业由内而外地营造出和谐的环境氛围。服务质量保障体系中对于客户反馈渠道的建设,能够帮助客户消除在反馈信息时担心企业推脱责任、担心店大欺客、担心解释不清等顾虑。

企业推进服务质量保障体系建设,可以从以下四个主要方面着手。

▶ **全程服务保障**

"以客户为中心"的目的就是为了更好地服务客户。因此,企业应该树立以服务客户为目的的营销理念,将客户满意作为一切经营活动的最高指导标准,并将这种服务理念贯穿于售前、售中、售后的全过程。

多年来,正泰卖的已经不再仅仅是产品,而是为客户提供解决方案的服务。正是在这种服务理念的指导下,正泰以其贴心、独到的优质服务在客户心目中树立了良好印象。

在户用光伏建设上,以"六大保障"为中心,结合正泰发展战略、产业布局、独特商业模式,多年来,正泰新能源为打造户用光伏"极致体验"进行了一系列积极的探索。仅在金融保险保障方面,正泰与浙商银行、中国工商银行、华夏银行、中国邮政储蓄银行、温州民商银行等金融机构建立了深度战略合作,在浙江省首创居民零费用的"金顶宝"租赁模式。同时,还与浙商银行联合推出"金屋宝"户用光伏系统,一次性投资,坐享25年收益。

此外,正泰与中国人保战略合作,成为行业内首家出厂即带10年财产险、机器损坏险与公共责任险的品牌商。更值得一提的是，正泰还充分发挥其覆盖全国的专业电气服务网络优势，实行 7×24 小时咨询，24 小时抵达现场，以及终身保修，为用户提供全方位的售后保障。

完善的服务保障体系彻底打消了客户对产品质量、投资资金、后期维护等问题的顾虑，不用花钱就能获得稳定收益，得到客户一致好评。

**实际案例**

目前，嘉兴地区正泰户用光伏安装用户总量近 3000 户，海宁地区安装量占整个地区的 57.4%。文桥村的赵先生刚装上一套屋顶光伏，通过银行贷款买下设备，如今每月的国家补贴费用与多余电量卖给国家电网的费用等已经足够支付他的银行贷款。

"6~7 年可以回本，之后就是自己的了。"赵先生拿出手机给大家看监控软件，"每天都能看到自家的发电量，有光就有电，自己用不完的电量就卖给国家电网。"（摘自南湖新闻网）

▶ **员工素质保障**

员工的素质包括业务能力、思想素质、组织能力等。

客户在购买产品时除了会看产品本身的品质，更会从其所接触的员工身上来感知企业的诚信服务水平。这就要求企业需要构建培训体系，不断提高企业人员的服务意识和服务水平，使之能够在客户面前展示本企业的企业文化和诚信服务实力，在客户心目中树立良好的企业形象。

> **实际案例**

2015年6月17日，正泰电器质量管理专题班正式开班，正泰集团高级顾问、首期课程主讲老师郑春林，时任正泰电器副总裁刘时祯出席开班仪式并致辞。

会上，正泰电器副总工、质量管理部总经理王先锋介绍了质量管理专题班的课程体系设置及培训班要求。他指出，质量素质提升是今年重点推进的四大工程之一，旨在培养适应企业快速发展的高素质人才，促进公司质量管理队伍能力的提升。质量管理专题班、质量工程师班、基层业务班三个素质提升班将陆续开课。学员除了参加培训外，还要在规定的时限内完成至少一个实践项目，并通过验收，使理论与实践有效结合。

刘时祯在会上对学员提出了三点希望：一是统一思想，提高认识，明确培训的必要性。二是勤于思考，学以致用，体现培训的实效性。三是珍惜机会，严格自律，提高学习的自觉性。

据悉，质量素质提升质量管理专题班的成功推出，是正泰电器首次大规模地、系统地对质量干部的一次培训，是加强质量队伍建设，落实质量素质提升工程的一项重要举措。（节选自《正泰电器质量管理专班开班》李晓琳/文）

▶ **标准化保障**

企业标准化建设是企业以提高经济效益为目的，推进以技术标准为主体，包括管理标准和工作标准等的建设，使企业的一切行为都有章可循、有标准参照。企业通过实施标准化管理，能够把生产经营过程中的各个要素和环节组织起来，建立起生产经营的最佳秩序与状态，从而提高企业效益。

### 实际案例

2011年以来，正泰电气技术标准信息化建设迈上了快速发展的道路。技术标准体系日益完备，标准化两级管理模式运作日益成熟。在事业部与产品线并存的模式下，职能部门和事业部标准化人员相互交流，让标准更好地落地生根。标准全文数据库是建立技术标准体系的基础，是建立企业标准体系的前期工程，也是标准化的核心工作。建立标准全文数据系统，实现了网上查阅、下载标准的功能，方便技术人员使用。该系统确保了标准的有效性，提高了标准的使用效率，实现无纸化办公，降低了成本。企业建立标准全文数据系统提高了企业标准管理信息化水平。系统数据完整，全面涵盖企业的各种在用标准文献；系统检索高效，丰富的检索入口和灵活的检索方式满足各种查询要求；系统安全可靠，完善的授权管理使数据安全得到保障。系统完全可以满足销售、研发、设计、工艺、试验、检验、采购等需要。

信息化技术实现了在企业内对标准文献的共同使用和统一管理。正泰电气已经运行了四年的标准全文检索数据系统正在发挥着这些作用。只要技术人员打开电脑，近5000项标准就会跃然眼前，根据各自权限可任意浏览和下载。标准这么多，企业怎么管？关键在企业技术标准体系的适合与否。良好的企业技术标准体系会让企业经营脉络清晰、张弛有道，糟糕的企业技术标准体系会令企业管理杂乱无序、无尽烦恼。正泰电气标准化将持之以恒地深化技术标准体系建设，把产品的全生命周期汇入节能环保标准体系，使生产制造步入标准化管理轨道。（节选自《正泰电气标准化：创新企业技术标准体系》唐应斌/文）

企业构建标准化服务保障体系的深刻意义在于——使客户能够准确了解企业提供服务保障的内容，同时也使为客户提供服务的内部人员清楚、全面、及时地认识到自己的工作目标和工作标准。

企业标准化建设，还包括差异化服务的标准化、个性化服务的标准化，即标准化不仅要考虑普遍性的需求，还要考虑到差异化、个性化的需求。要制定出差异化服务、个性化服务的标准解决方案，不断创新、充实企业的标准化服务体系。

### ▶ 法律保障

企业一切活动必须依法进行，充分保障客户权益。必须严格按照《合同法》、行政主管部门的相关规章制度规定开展每一项工作，对工作中出现的每一个问题，都必须耐心细致及时处理。对所出现的具体问题，要根据问题性质大小，按照工作流程，逐级汇报。对处理方法、处理依据、处理结果进行跟踪并做出书面总结。

有效处理客户投诉是企业经营上重要的一环，快速、正确、有效地处理好客户的投诉，能够增加客户对企业的信赖度，能够帮助企业和客户建立长期的合作关系，能够不断提高企业经营管理的成效，指导企业更好地为客户提供优质服务。

总而言之，服务质量对一个企业的成功起着至关重要的作用。将"以客户为中心"的服务思维贯穿于企业生产经营过程中的一切活动，是充分满足客户需求、充分激发企业活力、帮助企业实现转型升级的重要保证，是企业在新形势下保持竞争优势的核心要素。但是，企业建设服务质量保障体系不是一蹴而就的事，这是一项长期的工作。建设服务质量保障体系涉及文化、组织、制度等方面，涉及企业中的每个人，企业中的每个人都要提高认识、积极参与。

## 2 客户满意度是唯一评判标准

对于企业而言，客户满意度是衡量一家企业真实竞争力的关键性指标。随着市场的成熟，企业之间的竞争从本质上来说已经转化为客户满意度的竞争，客户满意度问题正在受到越来越多的重视。

对于企业而言，客户满意度问题是一个系统性的问题。对于企业员工而言，客户满意度问题是一个细节性的问题。对于客户而言，客户满意度问题是一个体验性的问题。确切地说，客户的体验、客户的满意度是建立在企业系统性和细节性工作基础上的。所以，企业要提升客户满意度，就必须从企业的系统性和细节性工作上进行提升。

▶ **提升客户满意度是一种思想认识的提升，即要和客户"心连心"，把握服务"提前量"**

企业中的所有人首先要对客户的含义有更加深刻的认识。对于企业员工而言，客户的含义包括企业内部的客户和企业外部的客户。企业内部的客户是指企业在生产经营过程中的每一项工作的"验收方"都是客户，如部门主管对部门成员的工作进行验收，部门主管就是部门成员的客户，又如流水线的下一道工序对上一道工序进行验收，下一道工序就是上一道工序的客户。外部的客户是指企业作为个体对外负责的服务对象和合作对象，企业外部的客户对整个企业的工作进行最终验收。显然，企业内部客户的验收都是为了企业外部客户的验收。所以，企业要提高客户的满意度，就是要提高一个项目从源头起各个环节上的工作验收满意度，将这种验收满意度传达到最后一个环节，最终形成整体性的验收满意度。

验收满意度建立在对客户深刻了解的基础上。必须从客户的需求出发，弄清楚客户真实需求和真正期望——要和客户"心连心"，知己知彼才能把握客户的验收标准——把握"提前量"，才能最终实现企业外部的客户满意。

**实际案例**

2010 年，在走访挪威经销商 Cenika 的过程中，客服人员了解到在新能源充电桩、医疗设施等市场，存在针对 B 型剩余电流保护的新品开发需求，客服人员随即通过客户信息分享机制，将有用的市场信息传达给研发与市场等相关部门。

"客户反映的产品问题与市场信息，我们会加以汇总分析，会第一时间与研发生产、市场销售、质量管控等上游部门沟通，分析论证相关信息，及时推动技术改进与新品研发。"国际物流平台部客服主管张举强为记者道出了客服更深层次的工作。

经过前期的市场调研论证分析，正泰电器技术研究院连同市场、生产制造部，为Cenika提供了定制化的产品服务，推出一款新品——NL210。该产品能为电器提供全电流敏感型漏电保护，大大降低了客户使用产品的风险性，同时也开拓了新的蓝海市场。（节选自《揭开正泰"工匠客服"的神秘面纱》刘孙峰/文）

要建设以客户满意为核心的企业文化，企业需要在核心价值观、质量方针中，充分体现对客户的重视和对客户满意的追求。通过多种方式对员工进行客户满意意识的教育培训，使员工在遵从职业道德、行为规范、价值观念和员工素质塑造方面，始终遵循"一切为了客户满意"的理念。事实证明，员工拥有这种理念认知能够有效提高工作积极性、协作水平和工作效率。

**实际案例**

2016年放年假的时候，正泰新能源的一个国内客户排产非常急，但是这时候企业已经放假，为了服务好客户，本着"以客户需求为中心"的信念，正泰新能源全部技术团队，包括市场部、质量部等员工全部行动起来，一直忙到大年三十的深夜。当时团队有位主管已经怀孕了，仍然坚持每天晚上工作到十点以后。

到了大年初二，又有国外客户到公司来监造。于是从大年初二开始，正泰新能源团队成员们又返回公司。

## ▶ 提升客户满意度是一种品质和品牌的提升，即服务客户不仅要"接地气"，还要"高大上"

正泰自创业以来，始终以"创世界名牌，持久地为国内外客户提供满意的产品"为质量方针。在质量管理上积极探索、持续创新，形成了覆盖产品全生命周期，具有正泰特色的质量管理模式，推动了产品与服务质量和客户满意度的稳步提升。新年来，正泰贯彻落实"创新、协调、绿色、开放、共享"的发展理念，秉承质量价值理念，加强质量品牌建设，持续创新质量管理机制，提升产品质量标准。推进质量素质、产品可靠性、质量对标对比、服务满意度等提升工程。通过问卷调查、走访和座谈、商务网站调查、参加会展、第三方专业调研等方法途径，关注细分行业市场及客户需求，不断创新服务理念，满足和超越客户需求，积极践行质量诚信，坚持开展客户满意度调查，不断提升客户满意度。

### 实际案例

依托正泰集团 30 多年的品牌优势，正泰新能源不断深耕细作，围绕着产品保障、质量保障、售后保障、金融保障、保险保障、品牌保障等"六大保障"深入发展，成了行业内少数几家为户用光伏提供专业设计的品牌商。

"我们着力于全方位直击市场痛点，提升终端用户在户用光伏使用上的极致体验感。"卢凯表示。

在产品和质量上，正泰新能源从设计、选材、制造、检验、运输、系统安装、工程监理、工程验收实行全过程质量管控，确保产品运行更加稳定。同时，其产品出厂标准严格，通过了 ISO 9001、ISO 14000、ISO 18000 质量体系认证。为每一户户用家庭提供标准化的质量保证，系统运行期质保 5 年，逆变器性能质保 10 年，光伏组件工艺质保 10 年，光伏组件线性功率输出质保更是长达 25 年，产品使用寿命在行业中保持领先水平。

同时，正泰新能源实行管家式售后服务，通过7×24小时贴心服务、12小时服务响应、24小时现场服务及终身保修服务，为终端用户提供稳妥售后保障。

在金融保险保障方面，正泰新能源在行业内首家提出出厂即带10年免费保险，与华夏银行、中国工商银行、中国人保等金融保险机构建立长期合作关系。险种范围广，种类齐全，含台风、暴雨、雷击、冰雹、地震等自然灾害险。

截至2017年6月，正泰新能源已在全球累计投资建设光伏电站3200兆瓦。海外电站遍布意大利、保加利亚、印度、美国、韩国等地。居民分布式屋顶电站安装量超过超3万户。浙江芝溪家园户用光伏项目、衢州市柯城区金屋顶项目等一大批优秀户用光伏工程纷纷涌现，助力正泰新能源"家庭绿色电站"建设。

户用光伏看中国，中国户用光伏看浙江，浙江户用光伏看正泰，现场主持人对正泰模式给予了高度评价。与会者也对正泰新能源在户用光伏领域的探索和成功经验表示了肯定。"我们打造正泰模式，也致力于为混乱的户用光伏市场开辟出一条行之有效的健康发展之路。"卢凯表示。

"光伏行业的品质化、品牌化发展势不可挡，放眼未来，正泰新能源将依托正泰集团33年的品牌实力，继续深耕品质，促进行业健康有序发展，积极引领户用光伏行业发展。"卢凯说道。（节选自《深耕细作正泰新能源推动户用光伏行业品质化、品牌化发展》胡旭峰/文）

建立以客户满意为准则的服务体系，针对不同客户提供差异化服务，及时响应和解决客户各种需求，在点滴之处体现企业服务品质的"接地气"和品牌文化的"高大上"。

## 第 13 章　服务质量承诺

▶ **提升客户满意度是一种没有止境的卓越追求，即服务客户要超预期，努力做到感动自己，然后才能感动客户**

企业实力无论有多么强大，永远不要认为自己已经足够优秀，企业要永远对自己的客户保持敬畏。因为对于企业来说，服务客户是无止境的，提高客户满意度也是无止境的。企业服务客户就是一种长征，是一种永远在路上的长征，企业需要在这个长征的路上，持续地浇灌以专注与热情，用正确的、智慧的方式稳健前行。企业要把服务客户、追求客户满意作为一种信仰铭刻在骨子里，对于那些无法即刻获得回报的事情，也依然要保持十年如一日的专注与热情，拼搏到无能为力，努力到感动自己。

### 实际案例

2017 年 6 月 27 日 19 时，浙江办事处黄伟琦接到杭州正泰输配电有限公司郑总的电话："浙江风起农贸产品交易市场，断路器故障跳闸后合不上闸。"断路器用的不是正泰生产的，而是 2010 年国内某企业生产的框架断路器，但客户现在是正泰的忠实用户，天气炎热市场不能没电，希望我公司技术服务工程师帮忙处理故障。以客户为中心，急客户之所急。正在海宁出差的黄工，向郑总要了客户的联系方式，了解产品发生故障的过程、产品的现状，判断是异物掉落进机构导致无法合闸。电话指导已无法解决产品故障。考虑到天气炎热，市场的冷库和周边的居民楼不能长期停电，黄工立刻从海宁赶去维修产品。21 点 30 分到达现场后，经过检查断路器发现确实有个螺丝卡在分闸按钮处，导致按钮无法工作。取出螺丝后，顺利恢复供电。

在送电成功后，客户说："正泰的售后是厉害，虽不是正泰的产品，但也来处理了，不到十分钟就修好通电，以后买产品还是要买正泰这种大公司的才能有保障。小公司的连个售后都提供不了，要是通不上电我们不知道得损失多少！"这句话让黄工觉得自己连夜赶路的疲惫瞬间没有了，能为社会贡献一份自己微薄的力量，也是一件幸福的事情。收拾好工具走出配电房，看见原本黑乎乎的四周又变得灯火通明时，为自己在正泰技术服务工程师这个岗位上而感到自豪。

# 后　　记

在过往的经历中，我们曾创作过多种书籍。但是像《让客户心动》这类纯经管题材的书，还是第一次尝试。

都说"知易行难"，"知"与"行"之间确实是有距离的。如果只有"知"，而没有"行"，一方面不容易体会到在行动过程中的艰辛，另外一方面也没办法去深化认知。

通过本书的创作，我们系统地了解了正泰的发展历史、经营管理智慧，深入研究了正泰"以客户为中心"价值观的形成，认真领会到南存辉"客户是企业存在的理由"的深刻洞见，深感正泰30多年发展的不易，从而对创业者们的艰辛和奋斗精神油然而生敬佩与尊重之情。

我们认为，将企业发展的历史和经营管理智慧加以总结提炼，是一种用理论指导实践、加强理论自觉的努力，这项工作是值得去做的。随着企业的不断发展，理论自觉正在成为一种迫切的需要，可以说这是企业历史发展实践过程中的一种必然。但是我们也要看到将实践经验进行理论化的工作是一项长期而艰巨的任务，绝不是一件一蹴而就的事情。鲁迅先生曾用一句非常深刻的话总结了人类社会发展的历史："人类血战前行的历史，正如煤的形成，当时用了大量的木材，结果却只是一小块。"这本书便是围绕"客户观"，对正泰几十年来形成的经营智慧的一个小结。

本书使用的素材，主要来自对相关当事人的采访。同时选取了正泰企业内刊以及外部媒体的相关报道，也参考借鉴了部分图书的内容。在此，对所有接受过我们采访的领导、员工表示感谢！对所有被引用的文章作者表示衷心感谢！对本书创作过程中给予我们大力支持的领导和朋友表示衷心感谢！

由于作者水平有限，本书不足之处甚多，期望得到专家们的进一步指正，也期望广大读者提出宝贵的意见和建议。

谨以此书献给所有关心正泰的人们！